Ilka Scheidgen

Zu Besuch bei Christian Lehnert und Patrick Roth

Ilka Scheidgen

Zu Besuch bei Christian Lehnert und Patrick Roth

Bibliografische Information der Deutschen Nationalbibliothek:
Die Deutsche Nationalbibliothek verzeichnet diese Publikation
in der Deutschen Nationalbibliografie; detaillierte bibliografische Daten sind im Internet über http://dnb.dnb.de abrufbar.

TWENTYSIX – Der Self-Publishing-Verlag
Eine Kooperation zwischen der Verlagsgruppe Random
House und BoD – Books on Demand

Herstellung und Verlag:
BoD – Books on Demand, Norderstedt

ISBN: 978-3-740-72902-8

Inhalt

Einleitung

Mit dem fünften Band meiner Reihe von Doppelporträts kann ich wiederum zwei herausragende Schriftsteller vorstellen: Den Lyriker und Theologen Christian Lehnert und den Schriftsteller und Filmer Patrick Roth.

Diese beiden in einem Band zu porträtieren, bietet sich in mehrfacher Hinsicht an.

Beide Schriftsteller sind Grenzgänger zwischen verschiedenen Disziplinen. Bei Christian Lehnert sind es die Literatur und die Theologie, die er in seinem Schreiben und Denken miteinander in Einklang zu bringen versucht. Beide Disziplinen befruchten sich auch gegenseitig.

So ist es auch bei Patrick Roth, bei dem sich filmische und dichterische Mittel miteinander in Bezug setzen. Beiden Dichtern ist gemeinsam: die Beschäftigung mit dem Numinosen, mit der Bibel, mit Gott und sämtlichen Fragen der menschlichen Existenz.

Christian Lehnert

Christian Lehnert

Christian Lehnert wurde am 20. Mai 1969 in Dresden geboren. Er studierte evangelische Theologie, Religionswissenschaften und Orientalistik. Einen Teil seines Studiums verbrachte er mit einem Stipendium in Jerusalem. Nach Beendigung seines Studiums ging er mit seiner Familie für zwei Jahre nach Spanien. Danach kehrte er nach Deutschland zurück und trat eine Stelle als Pfarrer in einer kleinen Gemeinde auf dem Land in der Nähe von Dresden an.

Von 2008-2012 war er Studienleiter für Theologie und Kultur an der evangelischen Akademie Sachsen-Anhalt in Wittenberg. Seit Mai 2012 ist er wissenschaftlicher Leiter des Liturgiewissenschaftlichen Institutes an der Universität Leipzig.

Christian Lehnert trat in besonderer Weise als Lyriker hervor. Seinen ersten Gedichtband „Der gefesselte Sänger" veröffentlichte er 1997 im Suhrkamp Verlag. Es folgten die Gedichtbände „Der Augen Aufgang" 2000, „Finisterre" 2002, „Ich werde sehen, schweigen und hören" 2004. 2008 erschien der Gedichtband „Auf Moränen", 2011 „Aufkommender Atem" und 2015 der Lyrikband „Windzüge".

Neben diesen Gedichtbänden veröffentlichte Christian Lehnert zwei essayistische Werke. 2013 einen Essay über Paulus mit dem Titel „Korinthische Brocken". 2017 erschien der Band „Der Gott in einer Nuß. Fliegende Blätter von Kult und Gebet".

Christian Lehnert hat auch mehrere Libretti geschrieben. Unter anderem das Libretto für die Oper „Phaedra" von Hans Werner Henze, die im Jahre 2007 uraufgeführt wurde. Ein weiteres Libretto schrieb er für Steffen Schleiermacher zu dem Titel „Nach Markus. Passion." Das Stück wurde 2016 in Oslo uraufgeführt.

Christian Lehnert erhielt zahlreiche Preise. So 1995 den Förderpreis zum Leonce-und-Lena-Preis der Stadt Darmstadt, 2003 den Förderpreis zum Lessingpreis, 2005 den Förderpreis zum Hugo-Ball-Preis und 2012 den Hölty-Preis für Lyrik der Stadt Hannover für sein bisheriges Gesamtwerk. 2016 wurde er mit dem Eichendorff- Literaturpreis ausgezeichnet und erhielt die Ehren-Doktorwürde der Theologischen Hochschule Augustana.

.

Das leere Gefäß

Wo Poesie und Religion sich berühren, findet sich Mystik. Dass der Theologe und Dichter Christian Lehnert sich ungeniert traut, über Gott, die Schöpfung, das Heilige, die Passion zu sprechen, verwundert und begeistert.

Gerne bestätigt mir Christian Lehnert meinen Terminvorschlag für ein Gespräch, wenn es mir nichts ausmache, dass er ab und zu von seinen Kindern gestört würde, da seine Frau auf Konzertreise sei. Dieser Umstand, so schrieb ich zurück, würde sicher nicht zu einer Beeinträchtigung führen. Ganz im Gegenteil: So würde ich gleich ein wenig von seinem Privatleben kennenlernen.

Ich bin neugierig auf einen jungen Lyriker und Theologen, der 1969 in Dresden geboren wurde und seine ersten prägenden Lebensjahre in der ehemaligen DDR erlebt hat. Wie kommt jemand in einem sozialistischen und atheistisch geprägten Land dazu, ein gläubiger Mensch zu werden und dies sogar zum Gegenstand poetischer Reflexionen werden zu lassen? Mit diesen Fragen mache ich mich auf den Weg.

Angespornt, mich mit diesem jungen Lyriker intensiver auseinanderzusetzen, hatte mich, dass ein zeitgenössischer Dichter im deutschen Feuilleton dezidiert als religiöser Dichter beschrieben wird, und das durchaus ganz ohne Häme, vielmehr mit einem Anflug von Staunen, ja Bewunderung: »Seht her, es gibt sie doch, es gibt sie wieder - eine religiöse Dichtung!«

„Man darf ihn einen religiösen Dichter nennen", schrieb Harald Hartung in seiner Besprechung des letzten Gedichtbandes „Aufkommender Atem" in der FAZ, und in der Zeitung „Freitag" nannte Michael Braun ihn sogar einmal einen „Nachfahren der Mystik".

„Aufkommender Atem" (2011) ist Lehnerts fünfter Gedichtband. 1997 veröffentlichte der *Suhrkamp Verlag* seinen ersten Lyrikband „Der gefesselte Sänger". Es folgten „Der Augen Aufgang" (2000), „Finisterre" (2002), „Ich werde sehen, schweigen und hören" (2004), „Auf Moränen" (2008). Die jeweiligen Titel der Gedichtbände sind zugleich Programm, führen hinein in den Kosmos des Dichters.

Lehnerts Sprache ist von Anfang an verhalten, die Gedichte streng in ihrer Komposition, oft mit Reimen, hierin dem Kirchenlied ähnlich - eine poetische Verwandtschaft, die sicher nicht zufällig ist. Zugleich erinnern Lehnerts Verse an die Lyrik eines Rainer Maria Rilke aus seinem „Stundenbuch", bei dem es sich ebenso wie bei den Gedichtbänden Christian Lehnerts um »geistliche« Lyrik - wenn auch im weitesten Sinne - handelt.

Trotzdem: Dass ein heutiger Dichter sich ungeniert traut, über Gott, die Schöpfung, das Heilige, die Passion, Golgatha, über Beten und Verzeihen oder vom „Spiegel in einem dunklen Wort" des Apostels Paulus zu sprechen, das verwundert und begeistert und lässt das Diktum Gottfried Benns, „Gott ist ein schlechtes Stilprinzip", alt aussehen. Denn gerade das Stilprinzip beherrscht Lehnert auf vollkommene Weise. Ihm gelingen Sonette ebenso wie Verse mit freien Rhythmen. In seinem neuen Gedichtband komponiert er oft strenge Achtzeiler mit Kreuzreimen.

„Ich habe ein Geländer, / das ich mir selber halte, es ist fest", heißen Verse in seinem neuen Gedichtband und geben Auskunft über das, was dem lyrischen Ich im Verlaufe seiner spirituellen Wanderschaft zur Gewissheit geworden ist: die Dauer in der Unstetigkeit, die Geborgenheit im »aufkommenden Atem« eines Heilsversprechens. „Ich bin geduldig, warte nicht, die Zeit / kann keiner Ankunft als Begründung dienen". Man fühlt, hier denkt einer weit über sich selbst hinaus.

Mit Datum und Ortsangabe versehen kann man den Dichter über ein Jahr begleiten und den „aufkommenden Atem", der an das Pfingstereignis des Heiligen Geistes denken lässt, von Gedicht zu Gedicht spüren. „Es ist Gottes Tun, das ich nicht fasse / und das mich birgt, das um mein Leben ringt."

Und immer spürt man als Leser diese Ambivalenz zwischen Unruhe und Gewissheit, zwischen Vergeblichkeit und der Zusage des Heils, der Heilung, zwischen Golgatha und Auferstehung. „Das Schweigen können Einzelne nicht brechen, / Wir sind erwartet. Wie ein leerer Rahmen / beginnt am Hang der Wald, hat keinen Namen: / Dass nichts bestimmt ist, das ist sein Versprechen."

Mit der Kenntnis solcher Verse mache ich mich also auf den Weg nach Wittenberg, der Stadt, in der Luther die wichtigste Phase seines Lebens verbracht hat. Eine pittoreske Altstadt, ein großräumiger Marktplatz mit zwei lebensgroßen Bronzefiguren auf einem hohen Sockel: Martin Luther und Philipp Melanchthon.

Das Renaissance-Rathaus und malerisch restaurierte Bürgerhäuser am Platz sowie weit überragend die Doppeltürme der Stadtkirche St. Marien. An die Tore der Schlosskirche hatte Luther am 31. Oktober 1517 seine 95 Thesen gegen den Ablasshandel angeschlagen und damit die Reformation in Gang gesetzt.

Die Stadtkirche St. Marien, die Schlosskirche, das Lutherhaus und das Melanchthonhaus gehören seit 1996 zum UNESCO-Welterbe.

Es ist eine gute Einstimmung für das geplante Gespräch, sich in dieser Stadt ein wenig umzusehen, die den Besucher gleich mit den berühmten Textzeilen Martin Luthers „Ein feste Burg ist unser Gott" auf dem Turm der Schlosskirche empfängt.

Eine weitere Berühmtheit hat Wittenberg aufzuweisen: den Maler Lucas Cranach. Von ihm stammen einige der bekanntesten Luther-Porträts. Aber ein Bild will ich mir ganz besonders ansehen, weil Christian Lehnert darüber in seiner Ansprache zum Ökumenischen Aschermittwoch der Künstler im Februar 2012 in Berlin gesprochen hat: die Predella (bemalter oder geschnitzter

Unterbau) des Cranach-Altars (1547), die Martin Luther als Prediger in einem seltsamen kahlen Raum darstellt.

Christian Lehnert ist auch evangelischer Pfarrer. Und dieses Bild, wenn er dort Gottesdienst feiert, irritiert ihn so, dass es ihm schwerfällt, zu sprechen oder zu beten. „Es ist ein Beten gegen einen massiven Widerstand." Denn auch der Prediger Martin Luther auf dem Bild scheint nicht sprechen zu können. Er zeigt mit ausgestrecktem Arm auf das Kreuz, auf den Gekreuzigten, was Lehnert für sich so interpretiert: „Es ist ja nicht so, als spräche der Glaube von Dingen, von denen sich sprechen ließe. Als würden Worte wie Gott und Kreuz etwas bedeuten wie andere Worte, die ich gebrauche. Nein, das Wort vom Kreuz hat seine Wahrheit nicht in dem, was es sagt - es spricht von der Unmöglichkeit zu sprechen angesichts dessen, was geschehen ist, des Todes des Erlösers, des menschgewordenen Gottes.

Das Wort vom Kreuz bezeichnet den Moment, wo Sprache verloschen ist und erst entsteht, auf dem Grund des Ungesagten."

Was für einem Menschen werde ich begegnen, der zu solchen Gedanken fähig ist? Christian Lehnert kommt mir im Treppenhaus entgegen. Aus der Wohnung schallen Kinderstimmen. Auf dem Weg zum Wintergarten, in dem wir unser Gespräch führen werden, Bücher Musikinstrumente - Cembalo, Cello, Geige -, die zeigen, was in der Familie Lehnert Bedeutung hat.

Christian Lehnert ist so, wie ich ihn vom Foto kenne: schmal, mit einem fast schüchternen Blick hinter der randlosen Brille.

Und dann steigen wir ein in seine Biografie, von der ich nur ein paar Eckdaten kenne.

Als Sohn eines Medizinerehepaares wuchs er in der DDR absolut systemkonform auf. „Ich bin zur Anpassung erzogen worden." Zwar sei er getauft, aber Kirche Glaube haben im familiären Alltag keine Rolle gespielt, erzählt er mir. Und doch, je älter er wurde, desto mehr fühlte er sich ausgehungert nach einer wahrhaftigen Sprache, die nicht opportunistisch mit zweierlei Zungen redete. „Und da war plötzlich in mir die Sehnsucht zu einer ganz anderen Sprache, nach einem anderen Denkraum, nach einer anderen Wirklichkeit", sagt er zu mir. Und so habe er mit 15 Jahren ganz aus sich heraus und eigentlich ohne dass er sich diesen Impuls wirklich erklären konnte, Kontakt zum Pfarrer der Gemeinde St. Petri Dresden aufgenommen. Christian Lehnert erinnert sich nur noch an den Sog einer Sprache, in der plötzlich Worte eine ganz andere Bedeutung hatten.

„Ich bin eigentlich über die Sprache zum Glauben gekommen", sagt er. Mit 16 Jahren ließ er sich konfirmieren. Seinen beruflichen Werdegang hatte er ursprünglich in einem Medizinstudium gesehen, welches er sogar mit einer Offizierslaufbahn bei der NVA verbinden wollte, denn, so erzählt er, „ich war ein Hundertprozentiger".

Doch als nach bestandenem Abitur 1987 der obligate Wehrdienst anstand, da hatte er sich schon vollgesogen mit den so irritierenden neuen Gedanken, die er noch gar nicht ganz einordnen konnte, dass er sich entschied, den Wehrdienst zu verweigern.

Diese Entscheidung, die für ihn bedeutete, dass er seinen Traum vom Medizinstudium und vielleicht vom Studium überhaupt aufgab, war für ihn aber eine Konsequenz aus dem neu gefundenen Glauben: „Selig sind die Friedfertigen, denn sie werden Gottes Kinder heißen."

Es folgten anderthalb Jahre als Bausoldat in Prora auf Rügen und in den *Leuna*-Werken südlich von Halle. In den kasernenartigen Kolossen in Prora auf Rügen, eine Hinterlassenschaft aus einer anderen Diktatur, waren die Schikanen und der Drill besonders schlimm.

„Da standen die Wachtruppen mit entsicherten Maschinenpistolen in den Gängen. Der Hass war mit den Händen greifbar." Dieser junge sensible Mann fühlte sich zerrissen, ausgehöhlt, vor Ängsten gepeinigt. Die traumatischen Erfahrungen musste und wollte er aufarbeiten. Die Wahrheit, verbogen und verlogen während einer Diktatur, musste er neu suchen: in der Sprache und im Glauben.

Dafür musste viel Gedankenmüll, viel Sprachschutt durchgewühlt werden auf der Suche nach dem Korn Wahrheit. Das tat er mit seinen Gedichten, zunächst in Form von „zerhackten Sätzen", bis er auch in der Form immer sicherer wurde.

„Wie ein Buchstabe, / aufgerissenes Auge, nicht von dem Buch wissen kann, / das ihn enthält, / kann ich nicht lesen, wo ich bin", heißt es in dem Band „Auf Moränen" (2008), und in einem Gedicht, das die Zeit als Bausoldat reflektiert, sieht er sich als „ein Gefäß, / dessen einziger Reichtum seine Leere ist".

Und er begann mit einem Studium der evangelischen Theologie, Religionswissenschaft und Orientalistik. In diesen Fächern hatte er zu DDR-Zeiten eine Nische entdeckt. Stand auch hier am Anfang sein Interesse an Sprache im Vordergrund, so wurde mehr und mehr der Inhalt für ihn wichtig. Wenn hier von Frieden die Rede war, dann hatte das nichts mit „imperialistischer Bedrohung", gegen die sich der Staat wehren müsse, zu tun.

Wenn es um Wahrheit ging, so war nicht eine Parteidoktrin gemeint. Christian Lehnert wurde in jener Zeit, die der Wende vorausging, ohne dass er und viele andere in der DDR sie geahnt hätten, dennoch von einer eigenartigen Gewissheit erfasst von und zu etwas, das ihn selbst überstieg. „0 Herr, mache mich zu einem Werkzeug des Friedens": Dieses Franziskus-Gebet sprach er damals jeden Abend.

Und er erzählt mir von dem verstörenden Erlebnis, als er am 4. Oktober 1989 aus Leipzig, wo er studierte, am Dresdner Hauptbahnhof ankam. Da standen Polizisten mit Plexiglasschilden im Spalier. Vor dem Bahnhofsgebäude brannten DDR-Fahnen. Eine große Menschenmenge war da, Pflastersteine flogen, die Stimmung war aufgeheizt. Auf den Bahnsteigen hatten sich Hunderte, vielleicht gar Tausende versammelt, in der Hoffnung, in einen der Transitzüge aus Prag in den Westen zu gelangen.

Christian Lehnert hatte Angst: „Alles hätte passieren können." Noch war nicht klar, ob es ohne Gewalt abgehen würde. „Getrieben und bedürftig liefen alle gemeinsam ins Ungewisse, voller Hoffnung."

Die Rufe während der dann beginnenden Montagsdemonstrationen: „Wir sind das Volk!", die letzlich und glücklicherweise in der friedlichen Wende mündeten, lösten bei Christian Lehnert, der gerade im ersten Jahr Theologie studierte, einerseits einen Vorgeschmack großer Freiheit, andererseits auch ein Bedürfnis nach Ruhe, nach Abstand aus.

Und so nutzte er die neu gewonnene Freiheit nach der Wende, indem er ein Stipendium in Jerusalem wahrnahm und dort ein Jahr Arabistik und Theologie studierte.

Wann und wo er seine Frau kennengelernt hat, habe ich nicht gefragt. Aber sie sind schon sehr lange zusammen, haben drei gemeinsame Kinder, einen Sohn (14), der gerade konfirmiert wurde, und zwei Töchter (elf und sieben Jahre).

Seine Frau ist Berufsmusikerin. Als Barockgeigerin spielt sie auf vielen Konzerten im In- und Ausland. Als Christian Lehnert sein Studium beendet hatte und sein Vikariat in Dresden absolvierte, wurde ihm eine Stelle in Spanien angeboten.

Zwei Jahre lang lebten sie dort, fühlten sich in dem südlichen Ambiente sehr wohl und überlegten, ob sie ganz dort bleiben sollten. Seine Frau entschied dann aber doch, als der Älteste schulpflichtig wurde, nach Deutschland zurückzukehren.

Christian Lehnert ungebunden als ausübender Theologe, versenkt sich in jenen zwei Jahren noch tiefer in die Dichtung, sein „leeres Gefäß", und er füllt es mit existenziellen Versen, die in der neueren Zeit so noch nicmand gedichtet hat.
In 24 Vigilien (Nachtwachen) nähert er sich fragend, tastend, zweifelnd seinem Gott, ringt um seinen Weg und erkennt, dass Gott ihm keine Wahl lässt: „Ich konnte nicht wählen in meinem Leben, / wie ein Baum nicht wählen kann, / wohin der Pollen weht."

„Ich habe ein Geländer, das ich mir selber halte, es ist fest", zitiere ich, und er lacht. „Es ist eben die große Frage der Subjektivität des Glaubens. Man kommt selber, jeder religiöse Mensch kommt irgendwann auf den Punkt eines grundlegenden Zwei-

fels", sagt er. „Gott ist nichts, was ich habe. Das ist das Geheimnis Gottes - diese Offenheit."

„Gott, ... wie ein Draht / aus seinem Lötpunkt bricht, / hocke ich allein mit der Silbe / *Gott*-, zu nichts zu verwenden, / sie nur leer zu halten um den Preis / des Verstehens".

Nach der Rückkehr aus Spanien war Christian Lehnert acht Jahre lang Pfarrer in einem kleinen Ort bei Dresden, bevor er vier Jahre Studienleiter an der Evangelischen Akademie in Wittenberg war. Er ist den sorgsamen Gebrauch von Worten gewohnt. Dass er nicht predigerhaft Gewissheiten verkündet, sondern seine eigenen Fragen und auch Zweifel über das Woher und Wohin, das Warum und das Wie hineingießt in seine Poesie, macht sie glaubhaft und lässt auch den Leser, der sich auf die Gedichte ein-lässt, einen pfingstlichen Atem spüren. Lehnert schafft es. Vertrauen in offenbar nicht Evidentes zu vermitteln in alltäglichen Erfahrungen von Verlust, Verrat, Einsamkeit und Schmerz.

„Ich bin ja ein gläubiger Mensch", sagt er zu mir, „also sehe ich einen Sinn, einen tieferen Grund in allem. Und gleichzeitig kann man den nicht richtig formulieren. Es ist ein Sinn jenseits dessen, was ich begreifen kann. Alles, was ich formulieren kann, ist immer nur fragmentarisch."

Und darin seien sich die Lyrik und die Religion verwandt. „Ein Gedicht ist immer ein Raum, der sich nicht abschließen lässt, der auf etwas Offenes weist ganz so wie der Glaube, der auf etwas hinweist was meinen Horizont übersteigt. Nur wenn man ihn auf eine Aussage festlegt, wenn man meint, er sei eine Weltanschauung, eine Theorie von der Welt, als würde glauben bedeuten, dass ich gewisse Aussagen für wahr halte und zu einer Weltdeutung zusammenbauen kann, dann entstehen die Missverständnisse."

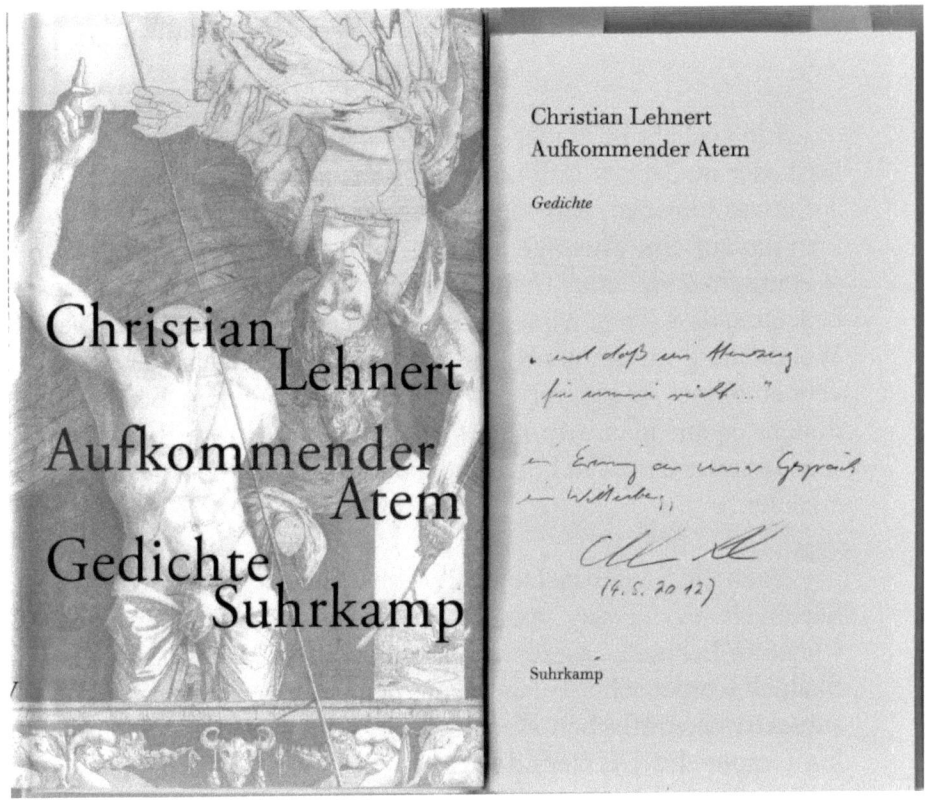

„Religion", so hat Christian Lehnert in seiner Dankrede zur Verleihung des *Lessing-Förderpreises* 2003 formuliert, ziele „über die Widersprüche und Zufälligkeiten des Lebens hinaus auf eine fremde Mitte zu, wo jedes Bild, jeder Begriff, jeder Name verstummt".

Wo aber Begriffe versagen, dort kann Poesie beginnen. Und wo Poesie und Religion sich berühren, findet sich Mystik, ein Ineinssein ohne Begründung. Insofern ist Christian Lehnert tatsächlich ein „Nachfahre der Mystik".

„Korinthische Brocken. Ein Essay über Paulus"

„Ein Gedicht ist immer ein Raum, der sich nicht abschließen lässt, der auf etwas Offenes weist ganz so wie der Glaube, der auf etwas hinweist, was meinen Horizont übersteigt. Nur wenn man ihn auf eine Aussage festlegt, wenn man meint, er sei eine Weltanschauung, eine Theorie von der Welt, als würde glauben bedeuten, dass ich gewisse Aussagen für wahr halte und zu einer Weltdeutung zusammenbauen kann, dann entstehen die Missverständnisse", sagte mir Christian Lehnert in einem Gespräch, in dem er mir über sein neues Buch, das soeben im Suhrkamp Verlag unter dem Titel „Korinthische Brocken" erschienen ist, erzählte.

Nach fünf vielbeachteten Lyrikbänden ist dies sein erstes Sachbuch, ein „Essay über Paulus", wie der Untertitel lautet. Christian Lehnert, Lyriker und Theologe, seziert darin mit dem Skalpell exegetischer Genauigkeit, gepaart mit einer hinreißend subjektiv-biografischen Herangehensweise, sowie dem sensiblen Gespür des Dichters den ersten Brief des Apostels Paulus „an die Gemeinde Gottes in Korinth" (1 Kor 1,2).

„Korinthische Brocken", dieser Terminus will einem schwer über die Lippen. Er kennzeichnet wohl die Arbeitshaltung des Autors, sich an einen so gewaltigen Stoff heranzuwagen, der schon von vielen Geistesgrößen durch die Jahrhunderte hindurch durchleuchtet und gedeutet worden ist.

Ursprünglich, so erzählte mir Christian Lehnert, sollte das Buch im Verlag der Weltreligionen im Suhrkamp Verlag erscheinen. Die Verlegerin Ulla Unseld-Berkéwicz – sie hat persönlich diesen Verlagszweig gegründet – sei „religiös musikalisch", für Glaubensfragen sehr offen und habe ihn zu dieser Arbeit ermuntert.

Auf 270 Seiten lässt Christian Lehnert den Leser teilnehmen an seiner wahrhaftigen Suche nach der Wahrheit des Glaubens auf den Spuren des Paulus. „Philosophische Brocken" hat Sören Kierkegaard seine Beschäftigung mit dem Paradox einer subjektiven Objektivität genannt. Und in diesem sowohl textkritischen als auch sehr persönlichen Ansatz einer Annäherung an die Gestalt des Apostels Paulus darf man wohl auch so etwas wie das Wälzen eines Brockens sehen. Warum gerade dieser Apostel, der vom grausamen Verfolger zum glühenden Verfechter des jungen Christentums wurde, den Autor so beschäftigt, ja in Bann schlägt, versucht er im Laufe des Buches herauszufinden. „Ich versuche wieder und wieder zu ergründen, warum mir Paulus so nah ist", schreibt Lehnert in seinem Essay. Dazu muss man vielleicht einige Details aus seinem Leben kennen.

Als Sohn eines Medizinerehepaares 1969 in Dresden geboren wuchs er in der ehemaligen DDR absolut systemkonform auf. „Ich bin zur Anpassung erzogen worden", erzählte er mir. Zwar sei er getauft, aber Kirche und Glaube hätten im familiären Alltag keine Rolle gespielt. Und doch, je älter er wurde, desto mehr fühlte er sich ausgehungert nach einer wahrhaftigen Sprache, die nicht opportunistisch mit zweierlei Zungen redete. „Und da war plötzlich in mir die Sehnsucht nach einer ganz anderen Sprache, nach einem anderen Denkraum, nach einer anderen Wirklichkeit", wie er mir weiter berichtete. Christian Lehnert erinnert sich nur noch an den Sog einer Sprache, in der plötzlich Worte eine ganz andere Bedeutung hatten.

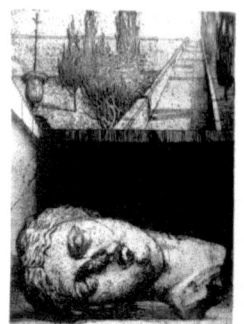

»Ich versuche wieder und wieder zu
ergründen, warum mir Paulus so nah ist.«

**Ein Essay, der die Konturen eines neuen
Christentums sucht.**

ISBN 978-3-518-47369-1

Christian Lehnert Korinthische Brocken

Suhrkamp

Korinthische
Brocken
Ein Essay über Paulus
Christian
Lehnert

SV

*„Denn wir wissen nicht,
was wir beten sollen ..."*

(23. Mai 2017, in Leipzig)

Das Ringen um Sprache bei einem Mann, der im Damaskus-ereignis von einer Gottesbegegnung überwältigt wird, für die er erst noch Worte finden muss, spiegelt sich gleichermaßen in der Biographie des Apostels Paulus wie des Dichters Christian Lehnert, beide sozusagen Gestalten einer „unzeitigen Geburt" (1 Kor 15,8), die die Erfahrung machen, dass Gott ihnen keine Wahl lässt: „Ich konnte nicht wählen in meinem Leben, / wie ein Baum nicht wählen kann, / wohin der Pollen weht", wie es in einem Gedicht Lehnerts heißt.

Dieses nicht vorhersehbare Geschehen bezeichnet Lehnert als GNADE, die er auch als „Dasein aus dem Nichts" interpretiert, eine grandiose Definition. Lehnerts Position ist die als Fragender, als Suchender in einer postsäkularen Gegenwart.

„Ich bin ja ein gläubiger Mensch", sagte er in unserem Gespräch, „also sehe ich einen Sinn, einen tieferen Grund in allem. Und gleichzeitig kann man den nicht richtig formulieren. Es ist ein Sinn jenseits dessen, was ich begreifen kann. Alles, was ich formulieren kann, ist immer nur fragmentarisch. Gott ist nichts, was ich habe. Das ist das Geheimnis Gottes - diese Offenheit." Im Paulus Essay spricht er auch davon, und es ist dieser Ton einer existentiellen Trauer, der berührt und in dem sich eine unverfälschte Authentizität manifestiert:: „Ich erlebe, wie die christlichen Kirchen schrumpfen und ihre Glaubensaussagen an Plausibilität verlieren, wie ihre Riten ein Gilben erfaßt und ihre Metaphern verhärten.

Du bist in einer Zeit und in einer Bewegung begriffen, die dir gilt. Der Glaube hat hier, in dir, seine Wahrheit oder nirgendwo. (…) Der neuzeitliche Mensch ist eingetaucht in ein unendliches Universum, und er hat in sich selbst in demselben

Sinken einen Abgrund entdeckt, der ihn staunen und erschrecken läßt. Das hat ihn verändert und hat ihn den Gott anders wissen oder vermissen lassen: als einen Ungrund, ein Öffnen ins *Danach*."

Und so tastet sich auch Christian Lehnert ins Offene hinein, immer an Hand einzelner Briefworte, die ihn zum Nachdenken, Hinterfragen und lyrischen Meditieren anregen. „Der

Tag…erster Tag der Schöpfung, Tag der Auferstehung, Sonntag für Sonntag, Tag des Gerichtes, das alles ist *ein* Tag, und die Zeitformen kreisen um einen Krater und vermögen ihn nicht zu verstehen, nicht sprachlich zu beherrschen, nicht rituell zu kontrollieren, nicht zeitlich einzuordnen, nicht zum Nutzen einzusetzen ist das Christusereignis. Es erklärt nichts, es hilft nichts. Es ist weder sozial, noch begründet es Werte. Es ist da, ein Loch. Wer hineingerät, fällt und fällt…" Und wer dies alles liest, ahnt, dass einem hier nichts Erbaulich-Schönes serviert wird. Auch nichts Tröstliches oder Hoffnungsvolles. Denn das Kreuz, der Gang in die Dunkelheit mit dem gestorbenen Christus, das ist zunächst Voraussetzung für alles weitere, denn „der gefolterte Gott läßt sich nicht auf Abstand halten". Das ist das absolut Neue am Christentum. Das was Paulus umtreibt und was er in seinem Brief der Gemeinde in Korinth klarzumachen sucht, ist nicht zuvorderst Lichterglanz, sondern auch im Osterereignis „die Dunkelheit der Offenbarung" , denn davor ist das Kreuz, und das Kreuz ist ein Skandalon. Und dennoch oder gerade deshalb mahnt und predigt Paulus, „damit nicht das Kreuz Christi zunichte werde. Denn das Wort vom Kreuz ist eine Torheit." (1 Kor 17-18)

Der paulinische Kreuzesgedanke, so Lehnert, „hatte es schwer in der Geschichte der Kirche." Die Menschen, auch die Gläubigen, möchten Christus am liebsten vom Kreuz befreien, denn diese Torheit ist nur schwer zu ertragen. „Das, was man da hängen sah, was immer es hieß: Es ist inakzeptabel, will man weiterleben."

Und trotz allem meint Christian Lehnert in der heutigen Zeit eine große Sehnsucht nach „fraglosen Erfahrungen des Transzendenten" auszumachen. Nur – so viel hat er selbst erfahren und das liest er auch bei Paulus heraus, diese Fraglosigkeit ist im Glauben nicht zu haben. „Glauben heißt dann, immer wieder das Offene zu suchen und in der Enge meiner selbst anzukommen. Es gibt keine Gewißheit." Und er folgert: „Und daß es keine Gewißheit gibt, das ist die christliche Verheißung."

Großartige Gedanken äußert Christian Lehnert, zum Beispiel zu den Worten Ekklesia, Sakrament, Parousia, Eucharistie. Da wird es elementar. Da spürt man, dass es hier jemandem um Alles oder Nichts geht: „Er (Christus) gibt sich hinein in sein eigenes Verlöschen im Ritus, er läßt sich opfern in einem sprachlichen Akt: ‚Das ist mein Leib.' Das hat nichts Symbolisches. Das ist keine Metapher. Christus ist da in dem Mahl. Gebrochen. Als Gekreuzigter. Erwartet, als kommender Herr." Und die Ekklesia versteht er als Sakrament, als Ereignis und Ort des Umschlags zwischen Leere und Fülle, wie sie auch ein Johannes vom Kreuz „in einer dunklen Nacht" erlebte und die für die heutige Zeit ein Wittgenstein so formulierte: „Gott kannst du nicht mit einem anderen reden hören, sondern nur, wenn du der Angeredete bist." Und insofern tritt Gott in die Welt, in die Zeit und zu dem Menschen an seinem nur ihm eigenen Ort. Und dort ereignet sich das Kernstück des 1. Korintherbriefes: die Liebe, Agape. Dieses wohl jedem Glaubenden geläufige Hohelied auf die Liebe, die niemals aufhört, die alles erträgt, die alles glaubt, die alles hofft, die alles erduldet, „…was auch immer geschieht. Die *agape* ähnelt einem Gefäß, in das Gott einströmt."

Es ist überzeugend, wie ein junger Theologe, der zugleich Dichter ist, in diesem Buch Brücken schlägt von der Frühzeit des Christentums ins Heute, das solcher Impulse bedarf, wie Christian Lehnert sie gibt: ein offenes Gefäß zu sein.

Christian Lehnerts Gedichtband „Windzüge"

„Der Gott, den es nicht gibt, in mir ein dunkler Riß, / ist meiner Seele nah, sooft ich ihn vermiß." Dieser Zweizeiler von Christian Lehnert in seinem neuen, dem sechsten Gedichtband steht ganz allein auf einer Seite. Er ist ein vollständiges Gedicht, wie es schöner und vollkommener kaum sein kann. Nur Angelus Silesius hat so etwas vermocht. Mit einer Wucht die menschliche Seele zu ergreifen, leer zu machen für Gott. Das ist Mystik. Nach seinem Großessay „Korinthische Brocken" über Paulus, 2013 bei Suhrkamp erschienen, ist Lehnert zur Dichtkunst zurückgekehrt. Und wie! Lehnert ist in meinen Augen ein Ausnahmedichter, wie es sie sonst nicht gibt in der Gegenwart. Wer wagte es denn noch, in rhythmischem Versmaß von Hexametern Sonette von klassischer Schönheit zu verfassen? Und wieder – wie in seinem vorigen Gedichtband „Aufkommender Atem" (2011) spürt man als Leser diese Ambivalenz zwischen Unruhe und Gewissheit, zwischen Vergeblichkeit und der Zusage des Heils, der Heilung, zwischen Golgatha und Auferstehung.

Christian Lehnert, 1969 in Dresden geboren, ist Dichter und Theologe. Als Pfarrer hat er in der Lutherstadt Wittenberg in der Marienkirche Gottesdienste gefeiert und gepredigt. Sein berühmter Vorfahr Martin Luther schaute ihm von der Predella des Altarbildes von Lucas Cranach (1541) dabei gleichsam zu. Der Prediger Martin Luther auf dem Bild scheint nicht sprechen zu können. Er zeigt mit ausgestrecktem Arm auf das Kreuz, auf den Gekreuzigten, was Lehnert für sich so interpretiert: „Es ist ja nicht so, als spräche der Glaube von Dingen, von denen sich sprechen ließe. Als würden Worte wie Gott und Kreuz etwas bedeuten wie andere Worte, die ich gebrauche. Nein, das Wort vom Kreuz hat seine Wahrheit nicht in dem, was es sagt - es spricht von der Unmöglichkeit zu sprechen angesichts dessen, was geschehen ist, des Todes des Erlösers, des menschgewordenen Gottes. Das Wort vom Kreuz bezeichnet den Moment, wo Sprache verloschen ist und erst entsteht, auf dem Grund des Ungesagten." Und um diese Wahrheit ringt die Dichtung Lehnerts mit jedem Vers, mit jedem Gedicht. Sicherheiten gibt es nicht für Christian Lehnert, auffällig viele Verse enden mit Fragezeichen. Und doch hat er für sich eine Entscheidung gefunden, „weil der Atem in die klamme / unvertraute Heimstatt mündet, // will ich mich verlassen auf den Toten, / den am Kreuz, und will der Jahre Richtung / nicht mehr kennen".

Neben wiederkehrenden Metaphern wie Feuer, Brand und Asche, die die Vergänglichkeit des Lebens beschwören, ist auch vom Brennen des Dornbuschs die Rede, dem ein eigenes Kapitel gewidmet ist. Darin das erste ein Widmungsgedicht in memoriam seines Freundes Hans Werner Henze (1926-2012).

Hierin beschwört Lehnert die Leichtigkeit des Vogelflugs, des Vogels, der der Seele des Verstorbenen gleich sich aufschwingt und sein Nest zurücklässt: „Es fehlt ja nur ein Rascheln zum Erwachen, / ein Flügelschlag, ein Wind, ja, nur ein Hauch." Auch das Leichte, Lichte, Luftige wird vielfach beschworen.

Christian Lehnert schafft es, seine eigenen Fragen und auch Zweifel über das Woher und Wohin, das Warum und das Wie hineinzugießen in seine Poesie, lässt dadurch auch den Leser, der sich auf die Gedichte einlässt, einen pfingstlichen Atem spüren.

Denn Dichtung und Glaube sind etwas sehr Verwandtes. „Ein Gedicht ist immer ein Raum, der sich nicht abschließen lässt, der auf etwas Offenes weist ganz so wie der Glaube, der auf etwas hinweist was meinen Horizont übersteigt", meint der Dichter und Theologe Christian Lehnert.

Als Sohn eines Medizinerehepaares wuchs Christian Lehnert in der ehemaligen DDR absolut systemkonform auf. Zwar sei er getauft, aber Kirche und Glauben hätten im familiären Alltag keine Rolle gespielt, wie er mir in einem Gespräch erzählte. Und doch, je älter er wurde, desto mehr fühlte er sich ausgehungert nach einer wahrhaftigen Sprache, die nicht opportunistisch mit zweierlei Zungen redete. Und plötzlich sei die Sehnsucht nach einer ganz anderen Sprache, nach einem anderen Denkraum, nach einer anderen Wirklichkeit in ihm gewesen.

„Wie mich hüllt in stille Scheu / Gottes Aug, eh ich gedacht, / faßt es mich in klarer Nacht, / lang dem Blindgebornen treu. // Eingewoben wie ein leichter Faden, / eingesenkt ins Erdreich wie ein Schein, / bin ich in der Nässe sein, / wachse ruhig wie die Wintersaaten…" heißt es in einem Gedicht in „Windzüge".

Christian Lehnert verweigerte nach dem Abitur – noch zu DDR-Zeiten – den Wehrdienst und musste als Bausoldat in Prora auf Rügen und in den *Leuna*-Werken südlich von Halle einen mörderisch-schikanösen Dienst verrichten. Aber diese Entscheidung war für ihn eine Konsequenz aus dem neu gefundenen Glauben: „Selig sind die Friedfertigen, denn sie werden Gottes Kinder heißen."

Danach studierte er Theologie, Religionswissenschaften und Orientalistik in Leipzig, Berlin und Jerusalem. Nach längeren Aufenthalten in Israel und Nordspanien (Santiago de Compostela) arbeitete er als evangelischer Pfarrer im Müglitztal bei Dresden, bevor er als Studienleiter für Theologie und Kultur an die Evangelische Akademie in Wittenberg berufen wurde. Seit 2012 leitet Lehnert das Liturgiewissenschaftliche Institut an der Universität Leipzig.

Gleichzeitig findet er noch Zeit und wohl auch die nötige Muße und Stille, um seine existentielle Dichtung weiter zu führen. Erinnern manche seiner Gedichte in ihrem Duktus an Kirchenlieder, so bedient sich Lehnert im dritten Teil des Gedichtbandes unter der Überschrift „Wegwarten" auch der freien Form. In den wesentlich längeren Gedichten wechselt er innerhalb eines Gedichts vielfach zwischen prosaähnlichen Abschnitten und gereimten Strophen, was den Eindruck einer Mehrstimmigkeit oder eines Gesprächs erzeugt. Fast zielstrebig scheint sich die Dichtung ihrer eigentlichen Fragestellung zu nähern.

„Eines ist, in die Ferne zu fallen mit klarem Blick, / doch das fließende Grenzgebiet, Wirklichkeit, wo ist's? /…/Ruhig durch dich hindurch geht die Gnade und findet Grund." (Angelus) Zugang zur Mitte ersehnen sich Dichtung und Glaube. Und die gelingt Lehnert poetisch packend in einem Gedicht aus dem vierten und letzten Teil „Aus dem Bergwerk", in dem er das Ergriffensein Martin Luthers von der Gegenwart Gottes während einer Prozession beschreibt: „Ich sah im Metall das Licht: / Anwesendes, / ich fühlte es atmen, / einen Körper aus blanken Strahlen / der Monstranz: / Gott, / wo du bist, ist nichts, / gleißende Helle, die sich entfernt, / indem sie näher kommt, / und plötzlich liegt auf meiner Hand eine braune Kastanie, / voll Gott, / und die kahlen Zweige flirren, graue Fingerspitzen, / voll Gott, / das Pflaster, die Mauern, / voll Gott, und ich singe vor mich hin / ohne Stimme, / habe den Sinn verloren, kann nicht einmal mehr / stolpern, halle / und wiederhole mich, halle, / Gott, voll Gott, / wo du bist, ist nichts".

Für uns Heutige, denen eine solche Ergriffenheit eher fremd sein mag, findet Christian Lehnert am Wegrand „Wegwarten", auch „in der Vorstadt", Erfahrungen, wie sie jeder machen kann, wenn er zuweilen innehält: „Daß jemand eine Geschichte sagen könnte, sich Zeuge / nennte, daß Hagel liegenbliebe auf der blanken / Plane der Erinnerungen, // daß auch dies alles für vorläufig erklärt sei…Am Ende / meines Weges, am Anfang eines weiteren. Einen Gott / zu haschen sei ohne // Gewinn; doch Gnade. Einziges, / was niemandem gehört noch zu Diensten steht."

Der Gott in einer Nuß

Willst du wider ein fliegend Blatt so ernstlich sein,/ und einen dürren Halm verfolgen?" (Hiob 13,25) – Ein Dichter nähert sich Gott und weiß schon, ehe er beginnt, dass sein Tun dem Haschen nach Wind gleicht oder dem Versuch, einem fliegenden Blatt zu folgen, wie er im Motto des Hiob-Verses sein Tun skizziert. „Ein Name, vier Buchstaben: JHWH. Wer ist dieser Gott… Niemand. Keiner, dem ein Name oder eine Biographie oder eine geschichtliche Herkunft zugedacht werden könnten … Er – oder gar es – entzieht sich jeder Habhaftwerdung in der Sprache. Als er sich Mose in einem brennenden Dornbusch in der Wüste zeigte und dieser ihn nach seinem Namen fragte, antwortete der ‚Gott': ‚Ich werde sein, der ich sein werde.' (Exodus 3,14) Was ist das? Namenlosigkeit. Niemand heißt so." Namenlos also: der Gott in einer Nuss.

Christian Lehnert, der Dichter und Theologe, nähert sich ein weiteres Mal der für ihn zentralen Wirklichkeit, dem, was wir Gott nennen. Auf zweiundachtzig Blättern umkreist er „Das Ereignis Gott" in seinem Dasein und Sosein, in seiner Unverfügbarkeit, seinem Geheimnis, seiner Offenbarung.

Dabei nähert er sich seinem Thema auf die ihm eigene Art einer Mischung aus Meditation, Poesie und Reflexion an. Geschichten aus seiner Zeit als Landpfarrer sind wie fliegende Blätter dazwischen gefügt und erhellen höchst greifbar, was philosophisch-religiöses Nachdenken meint.

45

Was es heißt, als Priester in einem Gottesdienst diesem Gott zu dienen, von ihm zu sprechen. „Wer nun vorn steht, im Priestergewand oder im Talar, derjenige, der vor allen anderen ungeschützt im Bannkreis der fragenden Gottheit steht, spricht es aus, dass ER genannt sein solle mit dem Namen: ‚des Vaters und des Sohnes und des Heiligen Geistes‘. Und ‚Gott‘ antwortet stumm: ‚Ich werde sein, der ich sein werde‘.“

Das ist schon ziemlich einmalig, wie es einer wagt, neben die banalsten Feststellungen, dass nämlich die Heizung in der Kirche knackt, Gedanken von Augustinus zu setzen. „Nichts also wäre ich, mein Gott, ja gar nicht wäre ich, wenn Du nicht wärst in mir.“ Und gerade damit zeigt, dass Gottesdienst, dass Kult und Gebet etwas Eigenes sind, die nicht von unseren frommen Stimmungen abhängig sind. „Die Liturgie“, schreibt Christian Lehnert, „ist eine Gottesgebärerin und zugleich eine Gottesgeburt, und das eine gibt es nicht ohne das andere: Im Abgrund der fragwürdigsten Subjektivität ruht das Geheimnis der Offenbarung.“

Es zählt das Geheimnis, das sich vollzieht, was ihn beschenkt, „und empfange, taumelnd fast, das Sakrament…“ Zwischen Episoden aus dem Alltagsgeschehen, dem Besuch beispielsweise einer alten Bäuerin, Erinnerungen an die eigene Kindheit, Erlebnissen mit seinen Kindern, fügt Lehnert chronologisch den Fortgang der Messe von Kyrie bis Agnus Dei, vom Herr, erbarme dich zum Lamm Gottes. Und in den Reflexionen nimmt er die Erzählpassagen auf, und in den Geschichten sind die Reflexionen immanent.

So nimmt er das reale Geschehen, wie er vor dem Tor des Bauern steht, anklopft und nicht einzutreten wagt, bis er – zu spät – erkennt, dass das Tor die ganze Zeit offen stand, zum Anlass, im folgenden „fliegenden" Blatt darüber nachzudenken. „Ich dränge auf Einlass ins Offene … Und ich muss dabei zwangsläufig zurücklassen, was ich suche. Wenn ich betend anklopfe, habe ich einen bestimmten Willen nach ‚etwas', ein Begehr. Wenn mir geöffnet wird, sei's ein vager Spalt, ist dies bereits unverständlich geworden. Ich weiß nicht mehr, was ich eben suchte. Weit entfernt liegen dann die Fragen, wie ich fassen könne, was ich da ersehnte, wie der Gott in mir geschehen solle oder wie er, undenkbar, außerhalb sei, wie überhaupt ‚da' …"

Solche Gedanken widersprechen spiritueller Wellness oder eingespielter Gottesdienstroutine. Folgt man ihnen, öffnen sich auch für den Lesenden ungeahnte Räume, wie sie der Mystiker Angelus Silesius formulierte: „Gott ist ein lauter Nichts, ihn rührt kein Nun noch Hier: Je mehr du nach ihm greifst, je mehr entwird er dir."

Christian Lehnert, wo er uns nicht als Dichter und Pfarrer entgegentritt, ist auch Wissenschaftler, der sich in der Geschichte der christlichen Liturgie auskennt und auch hierin lesenswerte und erhellende Exkurse bietet. So weiß er beispielsweise, dass die schriftliche Fixierung der Heiligen Schrift, insbesondere des Neuen Testamentes mit seinen Evangelien und Apostelbriefen, durch den Gebrauch als Erzählung innerhalb der frühchristlichen Gemeinden festgeschrieben worden ist und

im Laufe der Zeit zu einem Kanon in bestimmter Abfolge aus-
geformt wurde.

„Lesungen sind die Flügelschläge der christlichen Fröm-
migkeit", so wiederum lässt es uns der Dichter im Theologen
wissen, „– wie Zugvögel hoch am Himmel in beständigem
Rhythmus bleiben, unaufhörlich, Schlag um Schlag gegen den
Widerstand der Luft, und so Ozeane und Kontinente überspan-
nen, so lasen sich Christen beharrlich über die Jahrhunderte
hin".

Kritisch schaut Christian Lehnert auf erstarrte Formen, die
nicht mehr den Geist des Gottes in seiner Dreifaltigkeit ver-
strömen. Um einer Verständlichkeit willen möchte er im Gottesdienst nicht das große Numinosum geopfert wissen. Durchaus mit einer gewissen Härte polemisiert er gegen die Mehr-
heitsschieler auf „kirchliche Wachstumsraten", auf „Religions-
bespaßung" in den Medien oder auf Großveranstaltungen und
„ekklesiologischen und offenbarungstheologischen Dünnbrett-
bohrungen".

Nein, die Mitfeier einer katholischen Messe oder eines
evangelischen Gottesdienstes sollte, so Lehnert, nie zu einem
bloßen Ritual werden. Denn es ereignet sich dort Elementares:
„Sie werden zu Christen in der biblischen Sprache, werden
darin sie selbst und feiern die Gnade einer unaufhörlichen
Schöpfung aus dem Wort, sie springen ins Dunkel der Fremde,
in den Abgrund des Unmöglichen, als Sinn jenseits des Sinns."
Und mit dem Glaubensbekenntnis, dem credo in unum deum,
kann ein bewusstes Bekennen verbunden sein, ebenso wie ein

Sich-Überlassen der Gnade, was bedeutet: „Ich vertraue mich einem Geheimnis, einer Kraft an, die mich fortträgt… Was auch immer ich bekenne – es bleibt zu wenig. Es bleibt weit hinter dem zurück, was geschieht." Und so ist es auch eine Erfahrung, dass Gott gerade dort „am stärksten gegenwärtig sein kann, wo er schmerzlich vermisst wird." Die Frage nach Gott, meint Lehnert, sei vielleicht bereits die deutlichste Form seiner Gegenwart. „Der Gott, den es nicht gibt, in mir ein dunkler Riss,/ ist meiner Seele nah, sooft ich ihn vermiss." Diese Verse aus Christian Lehnerts Gedichtband „Windzüge" könnte man, wenn sie im Anhang nicht ihm zugeordnet würden, für Verse des Angelus Silesius halten.

Es lohnt sich für jeden, dem Religion etwas bedeutet, dieses wunderbare Buch zu lesen, das dem Leben abgelauscht und abgerungen ist. Mit den Fragen und dem Wissen eines zutiefst frommen Theologen und Dichters kann man zu einem tieferen Verständnis über das Wesen der christlichen Liturgie gelangen.

Lesung in Leipzig im Rahmen der Leipziger Buchmesse

CHRISTIAN
LEHNERT
LIEST

Donnerstag
23. März 2017
20 Uhr

Gohliser Schlösschen
Menckestraße 23
04155 Leipzig

Im Gespräch mit Christian
Lehnert: Wolfgang Kaußen
(Suhrkamp)

Aus seinem neuen Buch las Christian Lehnert im Gohliser Schlösschen. Im Vorfeld hatten wir uns für diesen Abend verabredet. Und so konnte ich den Dichter nach knapp fünf Jahren wieder treffen. Die inzwischen erschienenen Bücher, die ich auch rezensiert hatte, hatte ich zum Signieren mitgebracht.

Auch hatten wir Zeit, uns über die Jahre seit unserem Gespräch in Wittenberg zu unterhalten.

Seit fünf Jahren leitet er an der Leipziger Universität das Liturgiewissenschaftliche Institut. Die Aufgabe gefällt ihm, und er freut sich darüber, dass seine Anstellung um weitere fünf Jahre verlängert worden ist. Eine nochmalige Verlängerung ist danach nicht möglich, wie er mir erklärt. Er kann sich gut vorstellen, dann zurück in seine Heimatstadt Dresden zu gehen. Über Dresden hatten wir bei unserem Treffen in Wittenberg im Mai 2012 viel gesprochen. Die Stadt hat natürlich seine ganze Kindheit und Jugend stark geprägt.

Auch bei der Lesung im Gohliser Schlösschen wählte Christian Lehnert Passagen aus seinem neuen Buch „Der Gott in einer Nuß" aus, die von Eindrücken aus diesen Jahren berichten, der Kindheit am Fluss Elbe, die Zeit der „zweierlei Sprachen" während der DDR-Jahre und den Aufbruch der friedlichen Revolution. All das, was er mir schon in unserem persönlichen Gespräch in Wittenberg geschildert hatte.

Wolfgang Kaußen vom Suhrkamp Verlag führte einen anregenden Disput mit dem Dichter und Theologen, der seinen Werdegang vom absolut ungläubigen Menschen zum Theologen und Dichter sehr klar und überzeugend darlegte.

Und hier ein kleiner Auszug aus dem Buch „Der Gott in einer Nuß":

Ich verließ ihre Wohnung. Ich lief die Straße, auf der ich einst täglich nach Hause gegangen war, hinab zum Fluß. Den bekannten Weg ging ich, wo sich die Beine erinnerten und meinen Kopf nicht brauchten. Mechanisch bewegte ich mich, und: „Ich glaube", sagte ich mir. Immer wieder: ich glaube, glaube für sie, biete für sie. Gegen den Augenschein, gegen die Verzweiflung.

Mechanisch. Ich glaube. Schluß! Keine Gründe dafür, keine Gründe dagegen. Nur eines gilt: nichts in der Hand zu haben. Ich glaube - ein verwandeltes Weinen.

Christian Lehnert und Dresden

Gedächtnisglocke
nach der Restaurierung

Eine Glocke beginnt zu klingen,
während Erinnerungen hereinschwingen, sich weiten
wie Wellenkreise auf einem stillen See.

■

Töne kehren heim,
in eine Kirche, die es nicht mehr gibt,
zu einem Glockenstuhl, der verbrannte,
zu Menschen, die sie hörten,
die im Vergessen verschwanden
und leben worden.

■

Gedächtnisglocke
über jedem Abschied,
jedem entfallenen Namen, jedem zerfallenen Brief.
Ihr Name ist Maria,
Mutter,
Wärme am Grund der Tage.

■

Du hörst die Glocke im Nebel über der Stadt,
fern, wie aus einer Zeit,
als dein Gedächtnis noch nicht begonnen hatte,
wie ein Embryo,
der vor seiner Geburt
dem ewigen Herzton der Mutter lauscht.

Ganze 60 Jahre mussten vergehen, ehe die Frauenkirche wieder in ihrer vollen barocken Schönheit die Tore für die Menschen öffnen konnte.

Über 11 Jahre hinweg wurde die Kirche Stück für Stück wieder aufgebaut – getreu den Vorgaben George Bährs und unter weitestgehender Verwendung historischer Materialien. Am 30. Oktober 2005 wurde der Wiederaufbau durch die festliche Weihe der Kirche abgeschlossen. Und ist seither nicht mehr wegzudenken aus dem Stadtbild Dresdens, aber auch als

Ort des Gebets, des Gedenkens und der kulturellen Begegnungen.

Im Geläut der Frauenkirche ist die größte Glocke mit 1.750 kg Masse die Friedensglocke „Jesaja". Sie erinnert jeden Werktag nach dem 12 Uhr Stundenschlag an die „flackernde Sehnsucht nach Frieden" (Christian Lehnert, 2004) und lädt die Besucher der Kirche in die Mittagsandacht ein.

GEDÄCHTNISGLOCKE · MARIA

Abbildung vom Imschrift
Text: Christian Lehnert, alle Rechte liegen beim Autor
Stiftung Frauenkirche Dresden

Alle Glocken der Frauenkirche sind neu – bis auf *Maria,* die schon 1518 gegossen wurde. Sie ist die einzige, die bei dem Luftangriff auf Dresden im Februar 1945 und der Zerstörung der Frauenkirche verschont geblieben ist. Jede einzelne Glocke

58

trägt einen Eigennamen aus der Bibel und ist einer Bedeutung zugeordnet. Die „Gebetsglocke David" zeigt im Revers den beim Brand der Dresdner Synagoge in der Pogromnacht 1938 geretteten Davidstern, der heute die Tür der neuen Synagoge schmückt. Die Namen der Glocken lauten: Trauglocke Josua, Taufglocke Philippus, Dankglocke Hanna, Friedensglocke Jesaja, Verkündigungsglocke Johannes, Stadtglocke Jeremia, Gebetsglocke David. Die einzige alte Glocke mit dem Namen „Maria" wird heute als „Gedächtnisglocke" bezeichnet.

Bei unserem Gespräch - auf den Tag genau zwei Jahre später - schenkte mir der Dichter acht Doppelkarten mit den Abbildungen der 7 neuen und der einen, einzigen alten Glocke aus dem Jahre 1518. Dazu waren seine Gedichte gestellt, die er eigens zu den jeweiligen Glocken geschrieben hatte und die er bei der feierlichen Weihe der Glocken im Jahre 2003 auch selbst vorgetragen hatte. *Töne kehren heim/in eine Kirche, die es nicht mehr gibt, /zu einem Glockenstuhl, der verbrannte, /zu Menschen, die sie hörten, /die im Vergessen verschwanden/und leben werden./...ihr Name ist Maria, /Mutter, /Wärme am Grund der Tage* – so dichtete Christian Lehnert auf die Glocke *Maria*.

„Die sieben neuen Glocken der Dresdner Frauenkirche sind geweiht. Dem anderthalbstündigen Festgottesdienst, den der evangelische Landesbischof Volker Kreß und Pfarrer Stephan Fritz gestern unter freiem Himmel zelebrierten, wohnten rund 25.000 Menschen bei. Die Weihe war der Höhepunkt dreitägiger Feiern rund um die Ankunft der Glocken in der Elbestadt. Der musikalische Teil wurde vom Dresdner Kreuzchor, dem Blechbläserensemble um Ludwig Güttler, Musikern der Sächsischen Staatskapelle und der Dresdner Philharmonie sowie der Sächsischen Posaunenmission bestritten. Dresdner Schauspieler sprachen Texte zu jeder der acht Glocken der Frauenkirche. Die Zeilen stammen aus der Feder von Pfarrer Christian Lehnert." So berichtete die Lausitzer Rundschau am 5.Mai 2003.

Ich war zu ihm aus Dresden angereist, wo ich in der Unterkirche der Dresdener Frauenkirche eine Lesung gehalten hatte.

Wie schön war es, zu erfahren, dass Christian Lehnert, den Wiederaufbau der Frauenkirche und noch einmal ganz speziell die Einweihung der Glocken mit seinen Gedichten begleitet hat.

Patrick Roth

63

Patrick Roth

Patrick Roth wurde am 25. Juni 1953 in Freiburg im Breisgau geboren. Er wuchs in Karlsruhe auf, wo er das humanistische Bismarckgymnasium besuchte. Nach dem Abitur ging er nach Paris, wo er zwei Jahre lang private Filmstudien betrieb an der Cinémathèque. Danach studierte er in Freiburg Germanistik, Anglistik und Romanistik. Mit einem Stipendium des Deutschen Akademischen Austauschdienstes ging er 1975 für ein Jahr nach Amerika. Dort studierte er Film und Regie an der University of Los Angeles.

Danach entschloss er sich, in den Vereinigten Staaten zu bleiben. Sein erster Kurzfilm entstand 1978 unter dem Titel „The Boxer". In den achtziger Jahren begann Patrick Roth, auch Theaterstücke und Hörspiele zu schreiben. Über diese kam er mit dem Suhrkamp Verlag in Kontakt. Seine erste Veröffentlichung erschien 1990 in der Edition Suhrkamp unter dem Titel „Die Wachsamen". Es folgten die drei Bände der später so genannten Christus Trilogie, mit der Patrick Roth großes Aufsehen erregte. Es war in den neunziger Jahren absolut ungewöhnlich, dass ein junger Autor biblische Motive in einem Roman verwendete.

Von Anfang an bis in seine neuesten Bücher ist der Einfluss der filmisch-szenischen Erzählweise prägend. Roth bedient sich bei seinem Erzählen auch filmischer Mittel wie das des Dissolve oder das des Suspence.

Außerdem spielen bei Patrick Roth neben einer ungewöhnlich archaischen Sprache Traumbilder und Erkenntnisse der Tiefenpsychologie eine große Rolle.

Patrick Roth hielt vier Poetikvorlesungen in Deutschland, 2001 an der Universität Frankfurt am Main, 2004 an der Universität Heidelberg und 2008 an der Universität Hildesheim. 2012 hielt er noch einmal Poetikvorlesungen an der Universität Heidelberg.

Im Jahre 2006 wurde er Mainzer Stadtschreiber und produzierte als Resümee des Stadtschreiber-Preises den Film „In My Life - 12 Places I Remember". In dem Film reflektierte Patrick Roth seine Entwicklung als deutschschreibender Autor in Amerika.

Bis 2012 lebte Patrick Roth in Santa Monica bei Los Angeles in den Vereinigten Staaten, unterbrochen durch seine Aufenthalte in Deutschland zu Lesungen und Dozenturen. Im Frühjahr 2012 kehrte der Schriftsteller ganz nach Deutschland zurück. Im selben Jahr hielt er eine weitere Dozentur an der Universität Heidelberg. Und es erschien sein epochaler Roman „Sunrise - Das Buch Joseph".

Patrick Roth ist ein Ausnahmeschriftsteller und als solcher von der Wissenschaft bereits vielfältig untersucht worden. Als einmalig in der Geschichte des Literaturarchivs Marbach gilt, dass über einen noch lebenden Autor im Jahre 2007 ein wissenschaftliches Symposium unter Anwesenheit des Autors selbst abgehalten wurde.

Patrick Roth erhielt viele wichtige Preise. Hervorgehoben seien folgende: 1998 der Preis der Stiftung Bibel und Kultur der deutschen Bibelgesellschaft, 2003 der Literaturpreis der Konrad-Adenauer-Stiftung und 2015 das Ehrendoktorat der Universität Luzern.

Poetisch-existentielle Spurensuche

Der Schriftsteller Patrick Roth ist in der deutschsprachigen Literatur eine Ausnahmeerscheinung. 1953 in Freiburg geboren, aufgewachsen in Karlsruhe, lebt er seit 1975 in Los Angeles. Er studierte dort an der Filmhochschule, schrieb zunächst Drehbücher und arbeitete als Regisseur und Filmjournalist, schrieb Hörspiele und Dramen, bevor er mit seiner so genannten „Christusnovelle" mit dem Titel „Riverside", veröffentlicht 1991 im Suhrkamp Verlag, schlagartig bekannt wurde.

Für dieses Prosadebüt erhielt er 1992 den Rauriser Literaturpreis, der jeweils für die beste Prosa-Erstveröffentlichung des Jahres vergeben wird. Roth schrieb auch in der Fremde stets auf Deutsch. Die Besonderheit, ja Einmaligkeit Rothscher Sprache und Thematik wurde früh erkannt und blieb doch nicht ohne Widerspruch.

Wie bei kaum einem anderen Autor changierten die Urteile zwischen Begeisterung, Unverständnis und völliger Ablehnung. „Riverside" war der erste Band einer Christus-Trilogie, die mit den Bänden „Johnny Shines oder Die Wiedererweckung der Toten" (1993) und „Corpus Christi" (1996) zur Vollendung kam und als Gesamtausgabe 2003 unter dem Titel „Resurrection" erschien.

Patrick Roth bewegt sich von Beginn an jenseits gängiger Literaturtrends. Seine Sprache ist archaisierend, dem Unbewußten nachspürend und zugleich an modernen Stilmitteln des Films wie Überschneidungen und Schnitten geschult. Das Besondere aber ist seine Thematik, die biblische Themen aufgreift, diese sowohl in der Vergangenheit, als auch in der Gegenwart spielen lässt und völlig eigenständig gestaltet. So kann auch heute noch gelten, was die Literaturkritikerin Sigrid Löffler 1993 feststellte: „In der deutschsprachigen Literatur von heute hat Patrick Roth nicht seinesgleichen."

Der Rezeption Rothscher Werke geht Georg Langenhorst in seinem äußerst lesenswerten Buch „Patrick Roth – Erzähler zwischen Bibel und Hollywood" nach. Es stellt die erste Zwischenbilanz zum Schaffen dieses eigenwilligen Schriftstellers dar.

Langenhorst hat dazu die bisher erschienenen Rezensionen, Porträts und Preisreden gesichtet und in einen übersichtlichen Zusammenhang gestellt. Neben einer ausführlichen Einleitung zum bisherigen Werk und zur Biographie Patrick Roths, werden die Annäherungen an Werk und Person des Schriftstellers aus unterschiedlichen Perspektiven dargeboten: aus literaturkritischer, religionsdidaktischer, theologischer, medien- und kulturwissenschaftlicher Sicht.

Zu den Deutungen der einzelnen Werke, in der wiederum sehr unterschiedliche Herangehensweisen berücksichtigt werden, bietet Langenhorst jeweils ein einführendes Kapitel. Den Abschluss des Buches bilden Preisreden auf Patrick Roth, die erkennen lassen, dass der Dichter trotz immer noch auch vorhandener Skepsis, ja sogar Häme gegenüber seinem Werk, entscheidende Anerkennung zuteilwird.

Das zeigt sich auch daran, dass Roth im Frühjahr 2002 in Frankfurt die Poetikvorlesungen hielt, unter dem Titel „Ins Tal der Schatten". Gefolgt wurden diese 2004 von den Heidelberger Poetikvorlesungen, die jetzt (wie auch schon die Frankfurter Poetikvorlesungen) als Suhrkamp-Taschenbuch vorliegen, Titel:„Zur Stadt am Meer".

Selbstredend lässt uns bei dieser Art von Vorlesungen der Dichter bei seinem Schaffensprozess über die Schulter schauen. Ein gutes Stück weit klärt er uns über Hintergründe und Beweggründe zu seiner Arbeit auf.

Das sind bei Roth seine Begeisterung für den Film, sein Interesse am Unbewussten - manifestiert vor allem in den Träumen -, wobei er sich besonders auf die Tiefenpsychologie C.G. Jungs beruft.

Vor allem aber treibt ihn das Kreisen um große existentielle Fragen um: Schuld und Vergebung, Heilung und Erlösung, Tod und Auferstehung. Es kann daher nicht verwundern, wenn Patrick Roth einem filmischen Stilmittel, der Suspence, transzendentale Bedeutung zumisst.

Suspence bedeutet Spannung, heißt Gegensätzliches, das nach Auflösung drängt. Bei Roth bedeutet Auflösung Erlösung. Er spricht von der *coniunctio oppositorum* und meint: „Denn nur da wandelt sich etwas, verwandeln sich beide: die Feinde, befeindeten Gegensätze, oder Natürlich-Gegensätzlichen (Männliches, Weibliches) in ein Drittes, entsteht also wirklich Neues." In dieser Verpflichtung zur Wandlung sieht Roth sich selbst als Künstler: „Das uns Gegebene muß vermehrt, muß gewagt, muß gewandelt werden."

Der gekreuzigte und auferstandene Christus ist für Roth die Figur, die paradigmatisch diese Wandlung für uns vollzogen hat. „Er hält die Gegensätze aus, die uns zerreißen – denn das ist das Kreuz -, ist zwischen ihnen aufgehängt, hängt über seinem-unserem Abgrund, um in seinem Innersten das unerhörte, ungesehene ‚Schwarze', in seiner Dunkelheit am Kreuz unser aller Dunkel auszuhalten, zu duchstehen, zu ertragen und im Gewandeltwerden, dem Prozeß einer ungeheuerlichen Qual, höchster Verzweiflung, höchster Not, Erleidens solcher Gegensätze: uns zu verwandeln."

Patrick Roth ist weder Eiferer noch Prediger. „Nur die eigene Erfahrung ist bindend", sagt er. Und die sucht er sicht nicht aus. Vielmehr betrachtet er sich als Gefäß, weiß selber keine letzte Antwort, ist stets auf der Suche, auf dem Weg zum Ziel. „Zur Stadt am Meer" gibt die Richtung an, Trennstelle zwischen Wasser und Land, Unbewusstem und Bewusstem. Dieses Bild von Nebeneinander und Ineinander hatte Roth schon in seiner Frankfurter Poetikdozentur in anderer, doch gleichbedeutender Motivik benutzt: „Das Lebende steht im Toten, das Tote im Lebenden, ineinander und nebeneinander stehen beide – ein Augenblick des Gleichgewichts und der größten Gefahr." Kunst, Literatur – so sieht es Patrick Roth - ist Erfahrung, nicht Erfindung.

„Mit dem Wissen vom Bösen leben, sich am Guten bescheiden. No fiction.", so lässt er seine Frankfurter Gedanken zur Poetik ausklingen. Am Ende der Heidelberger Vorlesungen heißt es: „It's all true."

Georg Langenhorst (Hg.): Patrick Roth   Erzähler zwischen Bibel und Hollywood, LIT Verlag, Münster, 2005

Patrick Roth: Zur Stadt am Meer, Heidelberger Poetikvorlesungen, edition suhrkamp, Frankfurt am Main, 2005

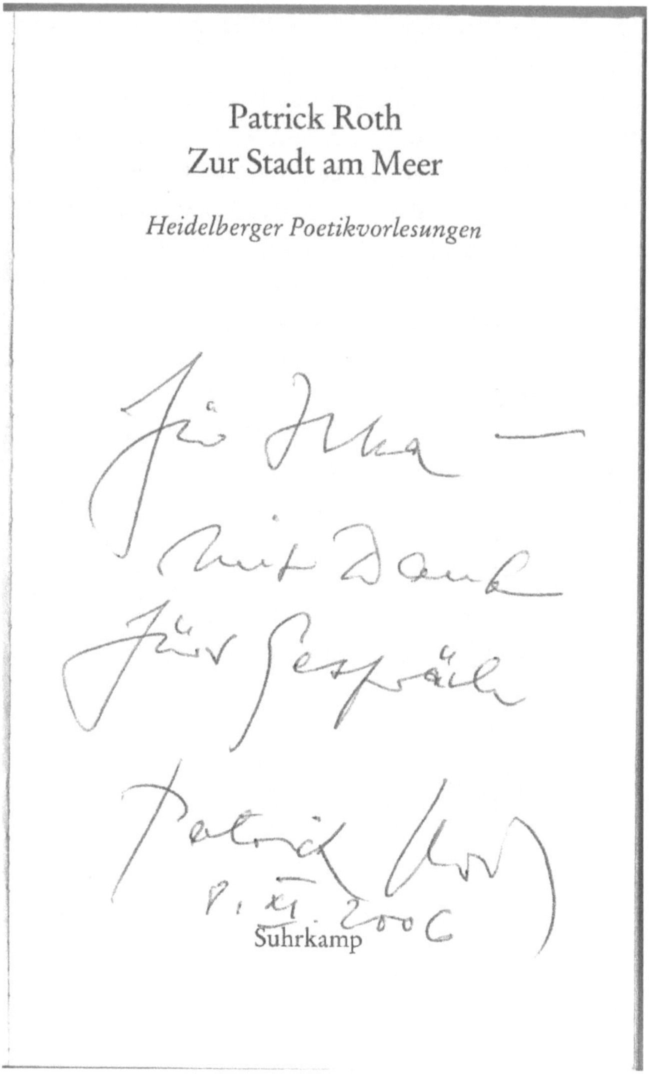
Patrick Roth
Zur Stadt am Meer

Heidelberger Poetikvorlesungen

Für Ilka –
mit Dank
für Gespräch

Patrick Roth
9. XI. 2006

Suhrkamp

„Lichternacht"

Nach seinem letzten Buch „Starlite Terrace" legt der Schriftsteller Patrick Roth einen schmalen Band in der schön gestalteten Insel-Bücherei vor, dessen Geschichte wie auch die vergangenen Erzählungen in seiner Wahlheimat USA angesiedelt ist. Roth war mit seiner ungewöhnlichen „Christus-Trilogie" einem breiteren Publikum bekannt geworden, hatte in der Folge für sein Werk zahlreiche renommierte Preise erhalten und in Frankfurt und Heidelberg Poetikdozenturen inne. Zur Zeit ist er Stadtschreiber in Mainz.

Die Erzählung „Lichternacht" vereint in hoch konzentrierter Form die Stilmittel und Methoden, die für sein Schreiben kennzeichnend sind: das Kunststück, die Zeit anzuhalten beziehungsweise aufzuheben durch das Ineinander-fließen-lassen verschiedener Zeitebenen; die Verbindung von Traumgeschehen und Realität, von Unbewußtem mit Bewusstem; der Einbruch des Numinosen in den Alltag und die Öffnung zu einer transzendenten Wirklichkeit.

Die im Untertitel als Weihnachtsgeschichte bezeichnete Erzählung „Lichternacht" beginnt mit der Schilderung einer Hochzeitsfeier am Heiligabend des Jahres 2002, um unvermittelt zurückzublenden zu einem Weihnachtsvorabend vor 25 Jahren, an dem der Bräutigam in einem Schneesturm mit seinem Auto in eine lebensbedrohliche Situation gerät. Hier nun, auf einer Brücke und an einem Mauthäuschen (beide Insignien haben symbolische Bedeutung), geraten Traum und Wirklichkeit in unauflösliche, auch vom Leser nicht zu trennende Daseinsebenen. Der Protagonist Joe Travers ist auf der Suche nach seiner Geliebten, als er augenscheinlich einen tödlichen

Unfall erleidet. Er sieht vom Mauthäuschen aus zu, wie sein lebloser Körper von Sanitätern auf eine Bahre gelegt wird. Doch da leuchtet im tiefsten Dunkel von der anderen Seite der Brücke her ein Licht auf. Aus einem sich nähernden Auto steigt seine Geliebte, erfasst die Hand des scheinbar Toten und lässt sie nicht los. Dieses Nicht-Loslassen als Zeichen ihrer Liebe holt ihn ins Leben zurück. Die Erzählung endet mit dem Erscheinen der Braut Rose Reed wieder in der Ausgangssituation der Geschichte. Und wieder fasst die Braut – erst jetzt ahnt man als Leser, dass es die Geliebte von vor 25 Jahren ist – Joes Hand. Die Trauung kann vollzogen werden.

Die Erzählung „Lichternacht" ist wie eigentlich immer in Patrick Roths Geschichten voll von mythologischen Andeutungen sowie Verweisen auf Archetypisches und Eschatolologisches.

Als Motto dient ein Vers aus dem Matthäus-Evangelium: „Da nun Joseph vom Schlaf erwachte, tat er, wie ihm aufgetragen der Engel des Herrn, und nahm seine Frau an." Dieses Tun, was einem aufgetragen wird, bezieht sich nicht nur auf die Geschichte, die erzählt wird, sondern auf Roths gesamtes Schreiben, so wie er es versteht: Gefäß zu sein für das Wirken Gottes. Um es in seinen eigenen Worten zu verdeutlichen: „Wenn ich den Akzent dieser Aussage – die den Menschen als Gefäß Gottes begreift, in dem Gott sich wandelt – nur ein wenig verschiebe, zum Ich hin nämlich, in Hiobs Richtung, die ungeheure Bedeutung des individuellen Bewusstseins betonend, welches die Aufgabe, das *opus*, nicht nur erleidet, ohne ihm auszuweichen, sondern ihm assistiert, sich und die Welt in solcher Arbeit versteht, sein Ziel darin sieht, dann müßte ich sagen: Der gewandelte Mensch wandelt Gott."

„Lichternacht" ist nicht nur eine Weihnachtsgeschichte, weil sie am Heiligabend spielt. Das wäre bei Patrick Roth zu kurz gegriffen. Obwohl an keiner Stelle der Erzählung angedeutet, ist gleichwohl das Geheimnis des Weihnachtsgeschehens impliziert: die Menschwerdung des Gottessohnes, die Wandlung des Wortes in Fleisch. Eine Wandlung, die den Menschen hinein nimmt vom Schlaf in die Wachheit, vom Unbewussten ins Bewusste, vom Tod ins Leben.

Patrick Roth

Lichternacht

Weihnachtsgeschichte

Mit einem Essay von
Michaela Kopp-Marx

Insel Verlag

Literatur als lebendige Schrift

Gespräch mit dem Schriftsteller Patrick Roth

In Karlsruhe, der Stadt, in der der 1953 in Freiburg geborene Schriftsteller Patrick Roth aufgewachsen ist, treffe ich ihn zu einem Gespräch.

Da er seinen Wohnsitz in den Vereinigten Staaten hat, können wir uns nicht, wie ich es sonst bei meinen Gesprächen mit Schriftstellern gerne tue, bei ihm zu Hause zusammensetzen.

Aber Patrick Roth hat mir das Lokal „Ubu" in Karlsruhe als Treffpunkt vorgeschlagen, ein Ort, an dem er sich quasi auch wie zu Hause fühlt.

In der Studentenkneipe, die er schon als Schüler und Student häufig besucht hat, sprechen wir über seinen Weg als Filmer und Autor von Drehbüchern, Hörspielen, Romanen und Erzählungen.

Der Geräuschpegel ist erheblich. Aber Patrick Roth stört sich nicht weiter daran. Ruhig und konzentriert erzählt er und antwortet auf meine Fragen.

Schon in jungen Jahren war Roth vom Kino, von Filmen fasziniert. Die Filmklassiker hat er im Kino um die Ecke gesehen, hat sich von ihnen entführen lassen ins Schattenreich der Imagination.

Seine Leidenschaft für den Film wollte er zum Beruf machen, arbeitete bei den Bavaria-Studios in München, hatte schon kleinere Film- und Drehbucharbeiten gemacht, in Paris und Freiburg einige Semester Anglistik und Romanistik studiert, bevor er mit einem Stipendium nach Los Angeles ging, der Filmstadt schlechthin, der Stadt von Hollywood.

Seit 1975 lebt Patrick Roth in der amerikanischen Filmmetropole, in der er an der berühmten Filmakademie studierte, seine ersten Drehbücher schrieb und zwei Filme produzierte. Für ihn sind die USA in diesen Jahren ebenso Heimat geworden wie das Land seiner Herkunft und Muttersprache.

Stand in den ersten Jahren in Amerika naturgemäß der Erwerb der englischen Sprache im Vordergrund, merkte Roth nach drei bis vier Jahren plötzlich, dass ihm die deutsche Sprache zu entgleiten drohte.

„Es begann mit Wortfindungsstörungen", erzählt er, „eine gewisse Unschärfe bei Erinnerungen, die offenbar an Sprache gebunden waren." Und mit einem Mal wurde ihm bewusst, welch existentielle Bedeutung für ihn die deutsche Sprache hatte.

Denn indem sie sich langsam aufzulösen begann, drohten auch eigene Erinnerungen und dadurch seine Vergangenheit zu verschwinden, als würde ihm der Boden unter den Füßen verloren gehen. Und er erkannte, dass er sich wieder der Muttersprache zuwenden musste.

„Ich wusste auf einmal, ich werde nicht ohne mein Deutsch leben können und ich musste auch etwas damit tun", erzählt er mir in seinem gleichbleibend ruhigen Ton.

Wir trinken Kaffee, die Espressomaschine macht höllischen Lärm. Vor den Fenstern rauscht der Verkehr. Patrick Roth ist ganz auf das Gespräch konzentriert. In einer Millionenstadt wie Los Angeles ist er wahrscheinlich an eine ungleich lautere Geräuschkulisse gewöhnt. Er richtet sein Gehör nach innen, scheint mir.

So wie er sich die deutsche Sprache auf die Highways zurückholte, indem er Gedichte seiner Lieblingsdichter Hölderlin,

Trakl, Celan auf einen Kassettenrecorder sprach und während der Autofahrten anhörte.

Nach einigen Hörspielen, von denen „Die Flamme" 1984, „Paul" 1985 und „Kelly" 1986 in Deutschland produziert und ausgestrahlt wurden, wandte sich Patrick Roth mit seiner „Christusnovelle" RIVERSIDE einem neuen Genre zu. Das Buch - sein erstes - erschien 1991 im Suhrkamp Verlag. Den Kontakt zum Verlag hatte Roth über seine Hörspiele gefunden.

Aber bevor dieses ungewöhnliche Buch tatsächlich erschien, gab es für den Autor noch eine Zeit des Bangens, da die Meinungen zu dem Text im Verlag geteilt waren. Schließlich entschied der Chef Siegried Unseld höchst selbst, dass das Buch gedruckt werden sollte. Eine damals sehr mutige Entscheidung, wie sich bald an den Reaktionen der Feuilletons zeigen sollte, die zum überwiegenden Teil mit Unverständnis reagierten. Aus heutiger Sicht eine zukunftsweisende Entscheidung. Denn Patrick Roth gehört zu den interessantesten Autoren seiner Generation.

Wie nun kam Patrick Roth dazu, in einer Zeit, als religiöse Inhalte von Romanen nicht gerade gefragt waren, einen biblischen Stoff zu verarbeiten, dazu noch in einer eigentümlich antiquiert anmutenden Sprache?

Zwei entscheidende Erfahrungen kamen zusammen. Mitte der achtziger Jahre hatte er plötzlich, wie er erzählt, ganz ungeheure Träume, darunter ein ganz großer erschlagender Traum, der sich über Wochen hinzog, mit dem er überhaupt nicht fertig wurde und über den er damals auch mit niemandem reden konnte

Also begann er, seine Träume aufzuschreiben. Und er fing an, sich mit der Tiefenpsychologie von C.G. Jung zu beschäftigen. „Und es wurde mir langsam klar, wie enorm sich Motive innerhalb von Träumen über eine Traumsequenz hin entwickeln", erzählt Patrick Roth und fährt fort: „Mit dieser Erfahrung, die man da macht, wird man sich eines zweiten Zentrums bewusst. Da ist etwas anderes, was anordnet, was einen in gewisser Weise in die Schule schickt. Und mit steigender Einsicht wird man auf eine höhere Stufe gehoben, bewegt sich quasi auf einer Spirale aufwärts."

Zu dieser ihn zutiefst aufwühlenden Erfahrung kam die Beschäftigung mit der Bibel. Die Sprache der Bibel hatte Patrick Roth bereits während seiner Schulzeit fasziniert, neben der von Hölderlin, Trakl, James Joyce.

„Das Luther-Deutsch, das sich vom heutigen Deutsch in vielem unterscheidet, wurde damals als große Fundgrube gesehen." Es war die Schönheit der Sprache, die Roth in Bann zog. „Es war schön. Es gefiel mir. Ich lebte auf, wenn ich das las", sagt er. Aber er erkannte nun, dass diese Faszination durch die Schönheit der Sprache ein Ausweichen in die Ästhetik, ein Ausweichen vor einer Verantwortung war. „Es wurde nur als schön gesehen, als aufleuchtend, als Faszinosum erlebt. Es war ein Geheimnis, aber nicht indem ich verantwortlich im tiefen Sinn dem nachgegangen wäre. Es war ein Faszinosum der Sprache, an das man sich immer wieder anlehnen konnte, wenn man die Sprache besaß, wenn man das Vokabular besaß." Damals hatte Patrick Roth noch keine Ahnung, wieso die Sprache gerade ihn so anzog, für ihn so wichtig war. Er begriff sie noch nicht als Forderung, wie er sagt.

Als dann diese Träume auf ihn einstürmten, erkannte er das bloß ästhetisch Genießerische an Sprache als Irrweg. Diese Erkenntnis war für ihn ein existentielles Schlüsselerlebnis. „Du musst zur prima materia", sagte etwas in ihm. Und er begann sich einem Prozess zu öffnen, auf den er nicht unbedingt kontrollierend einwirken wollte.

Der ungeheure Reichtum des nicht Bewussten wurde ihm mit einem Mal klar. „Das was ich nicht weiß, ist das Unbewusste. Diese kleine ‚Ichinsel', die da glaubt, alles zu sein, ist umgeben von einem Meer des nicht Gewussten und über die Jahre Abgekapselten, teilweise Verdrängten", sagt Patrick Roth zu mir im Gespräch und erzählt weiter von seinen Träumen: „Da war mancher, der war in seiner Größe und seinem Eindruck so unbegreiflich, dass du dir sagst, das ist ja realer als alles, was du in der Wirklichkeit erlebt hast. Was ist denn das?

Vielleicht eine andere uns umgebende Wirklichkeit." Und da begriff er sich plötzlich als Gefäß, in dem ein Experiment stattfindet.

Und wer experimentiert mit ihm? Roths Antwort: „Ein anderes, das Numen, ein Unendliches, Gott, wie auch immer Sie es nennen wollen." Und er findet das universale Bild des „Auge Gottes", unter dem man vergeht, aber auch zum eigentlich authentischen Leben kommt. „Vor dem gibt es nichts zu verstecken", sagt er, „dieses Auge sieht und weiß, aber auch mit dir und durch dich. Und das ist ganz entscheidend. Dieses Stückchen Bewusstsein, also sich dessen bewusst sein, dass etwas mit dir geschieht, das ist der große Unterschied zwischen Tag und Nacht. Denn in dem Moment, wo Sie das haben, haben Sie den Hiob, haben Sie ein Ich, das sagt, ich rede mit dir, Gott. Es ist ja eine gegenseitige Abhängigkeit. Gott und Mensch brauchen einander."

Eine Erfahrung, die auch schon andere große Weisen gemacht und ausgedrückt haben, wie Meister Ekkehard und Angelus Silesius.

Patrick Roth hat diese existentiellen Erfahrungen in einer nur ihm zu Gebote stehenden Weise umgesetzt. Auch beim Schreiben arbeitet er vielfach mit filmischen Stilmitteln.

Seine Erzählungen und Romane, besonders die der Christustrilogie, sind überwiegend dialogisch angelegt. Roth arbeitet mit Vor- und Rückblenden und dem „Dissolve". Dieses filmische Mittel der Überblendung kommt dem, was für Roth als Erkenntnis so bedeutend ist, nämlich dass sich zwei Realitäten überlagern, am weitesten entgegen.

Im Gebrauch der Sprache ist diese Überlagerung ungleich schwieriger darzustellen. Das aber macht die hohe Kunst der Rothschen Werke aus, dass man sie vordergründig, wie es vielfach geschehen ist, als „Bibelkrimis" lesen kann.

Und doch bleibt auch dem nur oberflächlich, das heißt an der Oberfläche bleibenden Leser nicht verborgen, dass hinter der spannenden Story beispielsweise von Johnny Shines, der über die Dörfer zieht, um Tote zum Leben zu erwecken, mehr steckt als ein „Seelenwestern".

Genial hat Patrick Roth diesen Dissolve, die Vergegenwärtigung zweier Wirklichkeitsebenen, in der Erzählung „Magdalena am Grab" praktiziert. Erzählt wird von der Probe zu einer Theaterszene nach dem Johannesevangelium.

Der junge Regisseur will mit drei Darstellern die Szene am leeren Grab des Jesus inszenieren. Doch zur Probe erscheint außer ihm nur Monica, die die Maria Magdalena spielen soll. Also konzentriert er sich ausschließlich auf die Szene der Magdalena am Grab.

Da die weiteren Mitspieler fehlen, übernimmt er die Rolle des Gärtners = auferstandenen Jesus. „Magdalena: sie kommt ans Grab, es ist leer. Sie wendet sich, geht zurück zu den Jüngern. Wendet sich wieder, geht zurück zum Grab. Die Engel sprechen zu ihr: Was weinst du. Sie wendet sich um. Das ist die dritte Wendung: Sie sieht jemanden, den sie nicht erkennt, obwohl er sie anspricht. Jesus."

Und hier nun im Nachspielen der biblischen Szene entdeckt Patrick Roth etwas ganz Entscheidendes: Jesus und Magdalena, Gott und Mensch, stehen einen Moment lang voneinander abgewandt, einander nicht ansehend.

Im Nachspielen dieser Szene bemerkt der Erzähler den „ausgelassenen Satz" des Evangeliums, den Gang Magdalenas an dem noch unerkannten Jesus vorbei und nach seinem Anruf ihre Rückwendung zu ihm und ihre Verwandlung in eine Erkennende.

Und die ganze Probe findet statt unter einem „sehenden Auge", einer Person, die sich auf der Empore verbirgt und zu größter Wachsamkeit zwingt. Hier spürt man hinter der realen Szene fast körperlich die einer anderen Wirklichkeit.

In seiner Frankfurter Poetiklesung beruft sich Patrick Roth an einer Stelle auf Ignatius von Loyola und seine „Geistlichen Übungen", in denen er davon spricht, wie eine „heile und gute Wahl zu treffen sei", nämlich von einer Warte aus, „gleich als wäre ich in der Todesstunde, erwäge ich die Form und das Maß." Roth hat sich dies wohl in seinem Schreiben zur Maxime gemacht. Nicht dass dadurch seine Arbeiten übersättigt sind mit Sinnfälligem. Und dennoch ist es da, ist es hinter den Worten, den Zeilen spürbar, dieser Blick des Dichters vom Ende her, in dem auch das scheinbar Unwichtigste und Nichtigste, das bloß Alltägliche in einem großen Zusammenhang steht.

„Die entscheidende Frage für den Menschen ist: Bist du auf Unendliches bezogen oder nicht? Das ist das Kriterium des Lebens." Diese Sätze von C.G. Jung stellt Patrick Roth seiner Erzählung „Magdalena am Grab" als Motto voran.

In unserem Gespräch kommt er noch einmal auf diese Erzählung zu sprechen. „Gott und Individuum, beide brauchen einander. Das ist das, was ich versucht habe, in der Magdalena zu dramatisieren. Dieser eine Satz, der da gefunden wird. Der besagt, dass es auch ganz anders sein könnte, dass sie auseinander gestellt werden können. Aber dieses Auseinanderstehen, wenn es durch ein suchend-fühlendes Gehen bedingt ist, kann zur Wende werden, zur Wandlung. Und das besagt: Du kannst fehlgehen, du darfst fehlgehen. Aber wenn du nach Gott suchst, auch wenn du an ihm vorbeigehst, wendet er sich nach dir um, ruft dich. Und das ist die Sekunde des Erkennens."

Patrick Roth ist sich der hohen Verantwortung bewusst, die er als Schöpfer von Geschichten, die über sich selbst hinausweisen, seinen Lesern gegenüber besitzt. Er versteht deshalb den Schritt vom Schaffensprozess hinein in den öffentlichen Raum als eine Konsequenz ethischer Dimension. Es ist die fünfte Wendung, die Quintessenz, die in der „Magdalena" nicht mehr miterzählt wird. In der fünften Wendung kehrt sie zurück zu den anderen Jüngern und berichtet von dem, was sie erlebt hat: „Ich habe den Herrn gesehen."

So sieht sich auch Patrick Roth. Er berichtet, erzählt von dem, was er erfahren hat, sei es auf der realen Ebene oder in der Psyche, im Traum. Aber nicht nur das. „Die Literatur darf kein undurchlässiges, uns nur noch verstrickendes Netz sein. Durchlässig sollte sie sein, Passagenbereiterin selbst, auf ein Andres verweisend, was für den Leser noch ansteht."

Patrick Roth gibt sich dem Leser mit offener Flanke preis. Als Leser können wir da ansetzen, wohin er uns mit jeder Geschichte führt. Es wird für jeden ein anderer Weg sein. Ein anderes Tor, das eine je eigene Einsicht ermöglicht.

„Und darauf", sagt Patrick Roth, „ auf dieses jedem individuelle Unbekannte, diese Nicht-Schrift, die lebendig gelebt sein will, lebendige Schrift – soll sie verweisen, die Literatur."

Mehr als 2500 Kreuze, aufgerichtet am Strand von Santa Monica in Kalifornien, für jeden gefallenen Soldaten des Irak-Krieges – mit diesem Bild beginnt der Film „In My Life – 12 Places I Remember" von Patrick Roth, Mainzer Stadtschreiber des Jahres 2006.

Als Arbeit dieses Stipendiums hat er für das ZDF ein *elektronisches Tagebuch* in Form eines Films gefertigt, zu dem er das Drehbuch schrieb und Regie führte.

In intensiven Erinnerungsbildern führt er an die Orte seiner Wahlheimat Los Angeles, wo er gewohnt und geschrieben hat, die für seine persönliche und künstlerische Laufbahn wichtig waren.

So wie er sich die deutsche Sprache auf die Highways zurückholte, indem er Gedichte seiner Lieblingsdichter Hölderlin, Trakl, Celan auf einen Kassettenrecorder sprach und während der Autofahrten anhörte.

Mit dem Auto ist Roth in seinem Film „In My Life" unterwegs zu den Stationen seiner Vergangenheit. Es ist gleichsam ein Road-movie der „Suche nach der verlorenen Zeit", nur dass es bei Roth keine verlorene oder vergebliche Zeit gibt. Für ihn hat alles seine Bedeutung, auch wenn sie oft erst viel später oder vielleicht gar nicht erkannt wird.

Er erzählt: „Als ich über das Konzept für das elektronische Tagebuch nachdachte und überlegte, wie erzähle ich den Leuten von meinem Weg, machte ich mir eine Liste der Orte, an denen ich in Los Angeles gelebt habe und stellte fest, dass es genau zwölf waren." Diese zwölf Plätze hat er aufgesucht, manche musste er tatsächlich suchen, und eine Adresse existierte nicht mehr, bis zur letzten in Santa Monica.

Hier, dem *land's end,* hatte er das Gefühl, dass nun mit diesen 12 Stationen etwas zu Ende gehen könnte. „Die zwölf, das sind die zwölf Tore in die Unterwelt, die zwölf Stunden der Nacht, diese unterirdische Reise einer Individuation durch viele Gefahren hindurch. Was dem Reisenden zugestoßen ist, muss ihm immer bewusst sein. Nichts ist verloren. Und am Ende könnte etwas Neues entstehen, neues Leben."

Es falle ihm schwer, sagt Patrick Roth, sich nicht verloren zu geben angesichts dieser Bilder. Beim Sammeln und Reflektieren seiner amerikanischen Vergangenheit, dem Sich-Aussetzen einer ungeheuren Bilderflut, kommt Roth zu der

Erkenntnis, dass eine Rettung aus dem Chaos, aus großen und kleinen Katastrophen nur durch Sinnsuche möglich ist.

Der Film endet mit einer Szene während einer Lesung im Mainzer Dom, die in einer Vision abschließt: die Zuhörer in den Bänken und auch er selbst als Vorlesender sind verschwunden. Ein Reiter reitet im Kirchenschiff altarwärts – die *mensa* des Altars wird in einer Überblendung ersetzt durch die *mesa* des Monument Valley, in dem Patrick Roth in der vorangegangenen Szene am Feuer gesessen hat. Dann löst sich auch der Reiter auf. Es bleibt ein Licht.

Nach der dunkelsten Nacht, so reflektiert der Erzähler und Autor des Films, könnte etwas Neues stehen, ein neues Bewusstsein. Sunrise. Was durch das Chaos Richtung weist, ist Sinn.

In seinem Film wie auch schon zuvor in seinen beiden Poetikdozenturen in Frankfurt (2002) und Heidelberg (2004) - klärt er über Hintergründe und Beweggründe zu seiner Arbeit auf. Das sind seine Begeisterung für den Film, sein Interesse am Unbewussten - manifestiert vor allem in den Träumen -, wobei er sich besonders auf die Tiefenpsychologie C.G. Jungs beruft.

Vor allem aber treibt ihn das Kreisen um große existentielle Fragen um: Schuld und Vergebung, Heilung und Erlösung, Tod und Auferstehung. Es kann daher nicht verwundern, wenn Patrick Roth einem filmischen Stilmittel, der Suspence, transzendentale Bedeutung zumisst.

Suspence bedeutet Spannung, heißt Gegensätzliches, das nach Auflösung drängt. Bei Roth bedeutet Auflösung *Erlösung*. Er spricht von der *coniunctio oppositorum* und meint: „Denn nur da wandelt sich etwas, verwandeln sich beide: die Feinde, befeindeten Gegensätze, oder Natürlich-Gegensätzlichen (Männliches, Weibliches) in ein Drittes, entsteht also wirklich Neues."

In dieser Verpflichtung zur Wandlung sieht Roth sich selbst als Künstler: „Das uns Gegebene muss vermehrt, muss gewagt, muss gewandelt werden."

Ob Patrick Roth biblische Themen behandelt oder Geschichten aus dem amerikanischen Alltag erzählt wie in seinen letzten beiden Erzählungsbänden „Die Nacht der Zeitlosen" (2001) und „Starlite Terrace" (2004), gilt sein Interesse den Einsamen, den Verlierertypen, den individuellen und anderen Katastrophen wie Erdbeben, Krieg und Holocaust.

„Heute mit den andern durchs Lager gegangen. Großer Herr! Wir sind von Toten überladen. Ein Gott der Lebenden willst du sein! Du bist es auch nicht mehr für die, die nicht mehr leben wollen beim Anblick dieser Toten" heißt es in „Johnny Shines".

Patrick Roth ist nicht, wie es sein Name vermuten lassen könnte, jüdischer Abstammung. Aber das Thema des Holocaust hat ihn nicht losgelassen. Er erinnert sich noch, wie Ende der fünfziger Jahre diese Flut von Bildern und Reportagen kam. Für ein Begreifen war er noch viel zu jung. „Die Bilder drangen einfach in einen ein, weil man noch keinen Filter dafür hatte. Es war kein kritisches Nachdenken, sondern reines Gefühl.

„Und das war wie ein scharfes Messer, das in mich drang", berichtet Roth über seine damalige Erfahrung. „Und dann ging es ja weiter mit den Auschwitz-Prozessen. Das hat ja gar nicht mehr aufgehört. Und ich war noch immer nicht alt genug, um überhaupt irgendwie zu verstehen." Seine Eltern hätten versucht, ihm zu erklären, was da an Ungeheuerlichkeiten in Deutschland geschehen sei.

„Es traf mich so, wie es in ‚Die Flamme' dargestellt ist. Ich war völlig weg", erzählt mir Patrick Roth. Das Hörspiel schildert, wie ein junger Deutscher von Bildern aus Konzentrationslagern verfolgt wird und in seiner Liebe zu einer Amerikanerin, die ihn an eine Jüdin auf einem der schrecklichen Bilder erinnert, gleichsam die Schuld der Vätergeneration wieder gut zu machen versucht.

Im Abspann spricht der AUTOR: „...abzutragen die Berge. Die Bilder, die uns ins Genick schossen, die Augen schlossen, die Herzen sprungbereit machten aus Angst...unsern Kampf mit der Schuld, mit den Schuldigern und Schuldigen. Den Opfern können wir nicht folgen. Nicht im Opfer - besser doch im Leben."

Patrick Roth erzählt weiter, dass viele seiner Generation interessanterweise mit dem Studium ins Ausland gegangen seien. „Die psychologische Landschaft hier war einfach vergiftet. Das war zu viel Blut geflossen. Da war zu viel vergast worden."

Patrick Roth spricht vom Schatten in einem selbst, der allzu oft entweder verleugnet oder verteufelt wird, also weggeschlossen. „Da wo du den eigenen Schatten nicht siehst, nicht verstanden und integriert hast, nicht das Gespräch mit ihm suchst, keine Verbindung mit ihm da ist, er dir unbewusst ist, da bist du dazu verdammt, ihn im anderen zu sehen", sagt er und kommt auf die Aktualität zu sprechen: „Der ganz große Wahnsinn dieses Krieges im Irak und letztlich aller Kriege ist, dass der Teufel immer auf den anderen projiziert wird. Der Schatten ist immer der andere. Das ist Bushs Problem, was seine quasi religiöse Einstellung angeht, die ich ihm gar nicht absprechen will, aber die sich das leuchtend weiße Gewand der neutestamentlich-christlichen Einstellung anzieht, und überhaupt nicht sieht, dass dieses Gewand total blutbefleckt ist, angerußt, angeschwärzt. Er sieht den eigenen Schatten nicht. Er sieht ihn nur in den anderen. Die da drüben, die was vorhaben und sieht überhaupt nicht, dass diese ganzen Sachen auch in seinem eigenen Land vorhanden sind."

Doch Patrick Roth bleibt nicht bei Schuldzuweisungen, sondern kommt aufs Persönliche zurück. „Es wird immer dort am schwierigsten, wo das Problem höchst persönlich wird. Wo man sich auf den Balken im eigenen Auge konzentrieren sollte, statt auf den Splitter im Auge des anderen. Das wichtigste ist", sagt er und blickt mich hinter seiner Brille ernst an, „du musst vor der eigenen Türe kehren. Die lästigen Dinge nicht auf morgen verschieben. Wenn ich an mir etwas ändere, indem ich über meinen eigenen Schatten springe, dann kann sich vielleicht auch der andere ändern. Und wenn man sich über jemanden aufregt, muss man fragen: inwiefern stellt der eine Eigenschaft in mir dar, einen psychischen Inhalt, der mir unbewusst wäre, indem ich darüber wütend bin."

Und er bekräftigt mit lebhaften Handbewegungen das Gesagte, um fortzufahren: „Das ist das, worauf wir meiner Meinung nach gucken müssen. Wir verlieren uns an und werden überschüttet mit statistischem Denken. Wir wissen ja gar nichts. Das gibt es weder als Ziffer noch als prozentuale Einheit. Was die 99 % der anderen machen, das interessiert mich gar nicht, das ist auch nicht meine Aufgabe. Sie haben ihre Aufgabe, ich habe meine. Wenn ich an mir etwas ändere, vielleicht kann sich beim anderen auch was ändern. Und nur wenn ich an mir etwas ändere und eine Erfahrung damit gemacht habe, kann ich überhaupt anderen davon berichten. Sonst bin ich ja ständig am Projizieren, indem ich anderen sage, was sie machen sollen."

Was sich hier wie etwas abstakte philosophische Lehren anhören mag, setzt Patrick Roth literarisch mit großer Realitätssättigung um. Die Lebensängste, Schrulligkeiten, Heimlichkeiten, Eifersüchteleien und Betrügereien seiner Protagonisten, auch deren Sehnsüchte und Hoffnungen beschreibt er packend und lebensnah. Das ist Erfahrung, nicht Programm.

Was Roth beschreibt, hat aber immer auch einen doppelten Boden. Mit den Stilmitteln und Methoden, die für sein Schreiben kennzeichnend sind, schafft er das Kunststück, die Zeit anzuhalten beziehungsweise aufzuheben: durch das Ineinander-Fließen-Lassen verschiedener Zeitebenen: die Verbindung von Traumgeschehen und Realität, von Unbewusstem mit Bewusstem, der Einbruch des Numinosen in den Alltag und die Öffnung zu einer transzendenten Wirklichkeit.

Patrick Roth verteilt keine Lösungen. Im Gegenteil: Es handelt sich um gelebte Fragen. Und gelebte Antworten

In der Schillerstadt Marbach

Zwei Jahre nach unserem ergiebigen und tiefgehenden Gespräch in Karlsruhe konnten wir uns in Marbach am Neckar, der Geburtsstadt des Dichters Friedrich Schiller und Sitz des berühmten Deutschen Literatur Archivs wiedersehen.

Von zwei Zeitungen war ich beauftragt worden, über die dort stattfindende zweitägige Tagung über Patrick Roth zu berichten: der Literaturzeitschrift „Der Literat" und der Tageszeitung „Die Tagespost". Denn diese Tagung stellte eine in mehrfacher Hinsicht große Besonderheit dar, wie ich im nachfolgenden Kapitel berichten werde.

Marbach am Neckar hatte zudem seit kurzem neben dem Schloss, der pittoresken Altstadt, dem Geburtshaus Schillers und dem Literaturarchiv eine weitere Attraktion zu bieten.

Nach Plänen des weltberühmten Architekten David Chipperfield war das Literaturmuseum der Moderne, kurz LiMo, in den Jahren 2002 bis 2006 erbaut worden und nun – ein Jahr nach der feierlichen Eröffnung durch Bundespräsident Horst Köhler im Juni 2006 – ein enormer Publikumsmagnet.

Eine Dauerbestellung zeigt auf 600 m² in drei Räumen unterschiedliche Erscheinungsformen der Literatur. In den Wechselausstellungen wird der Frage nachgegangen, anhand von Archivbeständen deren Ausstellungs- und Vermittlungswert erfahrbar zu machen.

Eine Schausammlung mit den großen aber auch den vergessenen Namen der Moderne in Manuskripten und Büchern, in Briefen Dokumenten und Erinnerungsstücken, in Fotos und anderen kleinen Dingen von deutschen Autoren soll - anders als das wissenschaftliche Sichten und Aufarbeiten innerhalb des Marbacher Literatur Archivs - für ein allgemeines Publi-

kum Spuren des Lebens im Alltäglichen und in der großen Geschichte anhand künstlerisch strukturierter Texte als Gedächtnis unserer Kultur vermitteln.

„Ins Tal der Schatten. Patrick Roths Schreiben zwischen Hölderlin und Hollywood"

Unter diesem Titel fand am 29. und 30. Juni 2007 eine wissenschaftliche Tagung im Deutschen Literaturarchiv Marbach statt, bei der zehn Wissenschaftler aus den Bereichen Germanistik, Theologie, Philosophie, Tiefenpsychologie und Filmwissenschaft sich mit dem Werk Patrick Roths auseinandersetzten.

Jan Bürger, stellvertretender Leiter des Marbacher Archivs erläuterte in seiner Einführung, dass es sich bei dieser Tagung in mehrfacher Hinsicht um eine Novität unter den wissenschaftlichen Tagungen im Hause handle. Zum einen, weil das zu untersuchende Werk noch nicht abgeschlossen sei, zum zweiten sei es eine Besonderheit, da Roths Werk in zwei Genres einzuordnen sei, der Literatur und dem Medium Film. Als drittes „Paradox" nannte Bürger die Tatsache, dass der zu analysierende Autor persönlich anwesend sei.

Unter diesen drei ungewöhnlichen Prämissen fand eine äußerst ergiebige Standortbestimmung eines – so kann man ohne weiteres sagen – Ausnahmeautors statt. An die jeweiligen Vorträge schlossen sich rege Diskussionen an, wobei sich nicht nur die Referenten untereinander austauschten, sondern auch zahlreiche Fragen und Denkansätze aus dem Publikum in die Erörterungen mit einflossen.

Dirk von Petersdorff eröffnete die Vortragsreihe unter dem Titel „ ,Als ich aufsah, stand der Engel im Zimmer'. Religiöse

Vorstellungsformen in der Gegenwartsliteratur". Er führte aus, dass eine derartige Analyse heute – anders als noch vor 20 Jahren – nicht mehr auf Ablehnung innerhalb der Literaturwissenschaft stoße. Man akzeptiere heute, dass der Prozess der Säkularisierung in den letzten 200 Jahren große Bereiche vernachlässigt habe. Eine neue Positionierung lasse sich beobachten, z. B. aktuell in der Vergabe des Büchnerpreises an Martin Mosebach mit seinem Blick auf die Entstellungen und Verbiegungen, die die Moderne dem Menschen abverlangt.

Durch die Auseinandersetzung mit der religiösen Tradition innerhalb der Literatur und ihrer Rezeption – so von Petersdorff – finde eine Normalisierung statt. In Textbeispielen von Peter Handke und Hans Magnus Enzensberger und in der Diskussion machte der Referent deutlich, dass sich in der Literatur der Moderne Zeichen dafür finden lassen, dass es einen Bereich jenseits des Diesseitigen gebe, nämlich die Transzendenz. Die Literatur sei in besonderem Maße dafür disponiert, einer im Sinne von Novalis sich auf das Absolute, das Göttliche, zubewegenden, es niemals erreichen könnenden Sehnsucht Ausdruck zu verleihen.

Lothar van Laak stellte in seiner Analyse das Werk Patrick Roths in die literarische Tradition der Romantik. Mythos und Alchemie, zwei Begriffe, die Patrick Roth in seinen Poetikvorlesungen als Erklärungsmodelle für sein Schreiben heranzieht, sind konstitutiv romantische Elemente. Ebenso aber auch archetypische Strukturen, auf die Eva Wertenbach-Birkkäuser in ihrem Vortrag näher einging. „Man sucht beim Schreiben einen Halt, nach einem Bild, in welches am geheimnisvollsten schon alles eingegraben scheint. Nach einem Bild, das langsam auszugraben, zu verstehen und so ins Licht zu rücken wäre." (Patrick Roth)

Indem der Autor eigene psychische Erfahrungen und Träume in seine Arbeiten einfließen lässt, gewinnen sie übergeordneten Charakter. Patrick Roth knüpft seine Poetik unter anderem an den Mythos des Orpheus, den Gang in die Unterwelt, um ein Totes wieder zum Leben zu erwecken. Ebenso unternimmt der Autor den Gang „Ins Tal der Schatten", in die Tiefenschichten der Seele, um darin Vorhandenes durch Erinnern und damit Bewusstmachen, ans Licht, d. h. ins Bewusstsein zu rücken. Schreibend erweckt er ein „Totes" zum Leben. Der Dialog zum Unbewussten ist in Patrick Roths Werk überall zu finden.

Über das Unbewusste geht freilich bei ihm der Weg hinaus zum Numinosen, dieser für ihn real erfahrenen, die Wirklichkeit transzendierenden Macht.

Diese Aspekte seines Schaffens wurden von Michael Braun und Michaela Kopp-Marx, die als Vertreterin des Germanistischen Seminars Heidelberg Mitinitiatorin der Tagung war, herausgearbeitet.

Braun betonte, dass Patrick Roths Erzählungen darauf abzielen, Getrenntes zusammen zu führen, scheinbar nicht vereinbare Gegensätze zu vereinen und dadurch, wie beispielsweise in der Erzählung „Johnny Shines oder die Wiedererweckung der Toten" ein Heilsgeschehen erst möglich zu machen. Roths
104

Werke haben immer eine existentielle Dimension. Die katholische Theologin Susanne Sandherr widmete ihre Überlegungen der Erzählung „Magdalena am Grab" und arbeitete einen weiteren wichtigen Aspekt im Schreiben Patrick Roths heraus.

In der *Magdalenensekunde* geschieht die Wandlung vom trauernden, in Angst befindlichen zum erkennenden und erkannten Menschen. „Das ist die Sekunde der Wiedererkennung: Mensch und Gott werden einander wieder bewußt. Rettend bewußt." (Roth)

Die wechselseitigen Beeinflussungen von Film und Literatur wurden in weiteren Referaten herausgearbeitet und mit der abendlichen Filmvorführung von „In My life – 12 Places I Remember" - Roths Arbeitsextrakt seines Mainzer Stadtschreiberstipendiums – plastisch vor Augen geführt. In intensiven Erinnerungsbildern führt er an die Orte seiner Wahlheimat Los Angeles, wo er gewohnt und geschrieben hat, die für seine persönliche und künstlerische Laufbahn wichtig waren.

Beim Sammeln und Reflektieren seiner amerikanischen Vergangenheit, dem Sich-Aussetzen einer ungeheuren Bilderflut, kommt Roth zu der Erkenntnis, dass eine Rettung aus dem Chaos, aus großen und kleinen Katastrophen nur durch Sinnsuche möglich ist.

Der Film endet mit einer Szene während einer Lesung im Mainzer Dom, die in einer Vision abschließt: die Zuhörer in den Bänken und auch er selbst als Vorlesender sind verschwunden. Ein Reiter reitet im Kirchenschiff altarwärts – die *mensa* des Altars wird in einer Überblendung ersetzt durch die *mesa* des Monument Valley, in dem Patrick Roth in der vorangegangenen Szene am Feuer gesessen hat.

Dann löst sich auch der Reiter auf. Es bleibt ein Licht. Nach der dunkelsten Nacht, so reflektiert der Erzähler und Autor des Films, könnte etwas Neues stehen, ein neues Bewusstsein. Sunrise. Was durch das Chaos Richtung weist, ist Sinn.

Den Abschluss der Tagung bildete eine Lesung des Autors aus seinem Roman „Corpus Christi". Ein nachhaltiges Erlebnis.

Während der Pausen bestand reichlich Gelegenheit, miteinander ins Gespräch zu kommen.

Als Eindruck der Tagung bleibt ein neuer unverkrampfter Umgang mit religiösen Inhalten in der modernen Literatur, für die Öffnung gegenüber transzendenten Räumen, wie sie Patrick Roth in seinen Werken so meisterhaft bewerkstelligt.

Thomas, der Zweifler, den Jan Bürger als Leitfigur für Schreibende apostrophierte, wird durch die Berührung des Auferstandenen zum Glaubenden.

Wir, die Leser und Zuhörer, können einen solchen Weg ebenfalls beschreiten, wenn wir uns auf eine Literatur wie die Patrick Roths einlassen und mit ihm in seinen und durch seine Bücher von der Evidenz des Göttlichen erfasst werden.

„Wenn du IHN nicht hörst, ist es, weil du dich von anderen Dingen ablenken lässt. Schalte alles aus und mach dich still, auch deine Gedanken, mach sie still. Dann wirst du IHN hören und verstehn" (Johnny Shines)

Neuer Roman, neuer Verlag, neuer Wohnsitz

Patrick Roths neuer Roman „Sunrise. Das Buch Joseph"

Das Jahr 2012 sollte für Patrick Roth in mehrfacher Hinsicht ein Jahr des Neubeginns sein. Nachdem er bisher alle seine Bücher im Suhrkamp Verlag veröffentlicht hatte, erschien nun sein neuer Roman „Sunrise. Das Buch Joseph" im Göttinger Wallstein Verlag.

Zu diesem Wechsel war es gekommen, als der für neue deutsche Literatur zuständige Lektor Thorsten Ahrend aus dem Suhrkamp Verlag ausschied. Patrick Roth entschied sich, seine zukünftigen Bücher im Wallstein Verlag zu publizieren. Ahrend erweiterte mit seinem Eintritt in den Verlag speziell das belletristische Programm von Wallstein ständig durch zeitgenössische Autoren.

Als solle mit dem neuen Verlag auch ein neuer Lebensabschnitt beginnen, verlegte Patrick Roth im selben Jahr seinen Wohnsitz wieder vollständig nach Deutschland, und zwar nach Mannheim, also nicht allzu weit von Karlsruhe, der Stadt, in der er aufgewachsen ist, entfernt.

Auf der Leipziger Buchmesse 2012 stellte Patrick Roth sein neues Buch vor.

Dem in seinem Film „In My life – 12 Places I Remember"
(2096) ins Bild gesetzten „Sunrise" - Sonnenaufgang – widmet
er nun einen ganzen Roman. Roths Arbeitsextrakt seines Mainzer Stadtschreiberstipendiums endet mit einer Szene während
einer Lesung im Mainzer Dom, die in einer Vision abschließt:
Durch die Domfenster strömt ein Licht, das Inventar und Menschen im Gotteshaus überstrahlend auflöst. Nach der dunkelsten Nacht, so reflektiert der Erzähler und Autor des Films,
könnte etwas Neues stehen, ein neues Bewusstsein.

Sunrise. Was durch das Chaos Richtung weist, ist Sinn.

110

Es geht zwar einerseits um die Figur Joseph, des Ziehvaters Jesu. Aber der fünfhundert Seiten starke Roman zielt auf das Heilsgeschehen auf Golgotha hin. Der gekreuzigte und auferstandene Christus ist für Roth letztlich die Figur, die auch in der Geschichte des Joseph von Anfang an mitgelesen wird.

„Er hält die Gegensätze aus, die uns zerreißen – denn das ist das Kreuz -, ist zwischen ihnen aufgehängt, hängt über seinem-unserem Abgrund, um in seinem Innersten das unerhörte, ungesehene ‚Schwarze', in seiner Dunkelheit am Kreuz unser aller Dunkel auszuhalten, zu durchstehen, zu ertragen und im Gewandeltwerden, dem Prozess einer ungeheuerlichen Qual, höchster Verzweiflung, höchster Not, Erleidens solcher Gegensätze: uns zu verwandeln", so hatte Roth seine Gedanken während der Heidelberger Poetikvorlesungen formuliert.

Als Motto für seine Erzählung „Lichternacht" hatte ihm ein Vers aus dem Matthäus-Evangelium gedient: „Da nun Joseph vom Schlaf erwachte, tat er, wie ihm aufgetragen der Engel des Herrn, und nahm seine Frau an."

Bei der Buchvorstellung seines neuen Romans „Sunrise" auf der Leipziger Buchmesse erzählte Patrick Roth, dass er mit diesem Josephs-Roman, an dem er fünf Jahre gearbeitet habe, an jene Erzählung angeknüpft habe.

Dieses Tun, was einem aufgetragen wird, bezieht sich nicht nur auf die Geschichte, die erzählt wird, sondern auf Roths gesamtes Schreiben, so wie er es versteht: Gefäß zu sein für das Wirken Gottes.

Um es in seinen eigenen Worten zu verdeutlichen: „Wenn ich den Akzent dieser Aussage – die den Menschen als Gefäß Gottes begreift, in dem Gott sich wandelt – nur ein wenig verschiebe, zum Ich hin nämlich, in Hiobs Richtung, die ungeheure Bedeutung des individuellen Bewusstseins betonend, welches die Aufgabe, das *opus*, nicht nur erleidet, ohne ihm auszuweichen, sondern ihm assistiert, sich und die Welt in solcher Arbeit versteht, sein Ziel darin sieht, dann müßte ich sagen: Der gewandelte Mensch wandelt Gott."

Die Geschichte des Joseph von Nazareth, über den im neuen Testament nur recht spärlich berichtet wird – ein Stachel wohl für den Erzähler Patrick Roth, dieser historischen und auch heilsgeschichtlichen Person mit seinen Mitteln nachzuspüren, ihr ein Gesicht zu verleihen – wird in eine Rahmenhandlung eingebettet, die im Jahre 70 während der Belagerung Jerusalems durch die Römer spielt. Zwei Jünger des Herrn kommen nach Jerusalem, um das Grab Jesu zu suchen und vor der Zerstörung zu bewahren. Sie begegnen dort Neith, einer ägyptischen Sklavin, aus deren Perspektive die Lebensgeschichte Josephs berichtet wird. „Ich kenne einen Menschen, dessentwegen Himmel und Erde geworden sind. Der hieß Joseph. Er war aber noch nicht Vater des Jesus, eures Herrn. Ausersehen war er, das heißt aber: geschaut im Gedanken Gottes von Anfang.“

Der in den Evangelien verbürgten Erzählung von der Pilgerreise Jesu mit seinen Eltern Maria und Joseph nach Jerusalem, um dort im Tempel nach jüdischem Brauch zu opfern, widmet Patrick Roth eins des in fünf Bücher aufgeteilten Romans. Die Unterhaltung des Vaters während der Wanderschaft mit seinem zwölfjährigen Sohn Jesu zählt für mich zu den besonders anrührenden Abschnitten. Sie sprechen über die Berufung des Samuel durch Gott, über Berufung und Vertrauen in Gottes Weisungen. „Und Joseph, absichtslos sprach er von seiner Berufung. Denn der Traum berief ihn doch. Und sprach absichtslos vom Berufensein Jesu, des Sohns, den der Engel ihm angekündigt.“ Und dann, nach einer Woche der Festtage in Jerusalem, entdecken die Eltern erst auf dem Rückweg, dass Jesus nicht bei ihrer Reisegruppe ist. Und Joseph macht sich voller Qual auf den Rückweg, um seinen Sohn zu suchen. Für das Zwiegespräch beim glücklichen Wiedersehen findet Roth eine überzeugend authentische Sprache. Jesus berichtet seinem Vater: „Dabei brachte ich nichts, nur den Wunsch, der Stimme zu folgen. Zu nahen dem Stimmenbild, das mir – wie ein Wunsch, den ich im Tiefsten ersehnt, nie aber zu entdecken, nie auszusprechen gewagt – deutlicher jetzt zusprach. Als ginge es mit mir ans Ziel. (…) Ja, hinter den Vorhang trat ich, ins Allerheiligste tat ich den Schritt. Kniete hin, angekommen. Unendlich sicher zu Haus."

Denn gleich Samuel spricht Jesus im Traum mit seinem Vater: „ ,Sprich, Vater, dein Sohn hört.' Und als ER spricht, Sein Wort zu mir, da ist, was ER sagt, gänzlich ungetrennt eins mit IHM. Und eins mit ihm, der es hört." Und weiter antwortet Jesus den Fragen des Joseph: „Warum hätte ich nicht gehen dürfen ins Allerheiligste, da mich doch hungerte. Denn mich hungerte nach IHM."

Da erzählt einer biblische Geschichte neu, nicht als Theologe, sondern als Dichter. Es handelt sich aber bei Roth nicht um ein Fabulieren um des Fabulierens willen. Denn man liest ganz deutlich seine existentielle Ernsthaftigkeit, ja Ergriffenheit mit beim Erzählen von der „Geschichte" Gottes mit den Menschen ganz allgemein und mit auserwählten Menschen wie Joseph im vorliegenden Roman.

Durch seine Art des Erzählens macht Patrick Roth biblische Geschichte erfahrbar. In der Erkundung eines Sinns durch seine Erzählerfiguren lässt er auch den Leser sich auf die Suche nach einem solchen begeben und sei es in so ungeheuerlichen Konstellationen wie einer von Gott verlangten Opferung Jesu durch Joseph, die im Roman erzählt wird.

Joseph hadert mit Gott ob einer solchen Forderung oder vielleicht nur Prüfung und widersetzt sich, darin alttestamentarischen Gestalten wie Hiob und Jonas ähnelnd.

Wie auch schon in seinen früheren Geschichten begleitet man die Figuren auf einer Wanderschaft durch Zeit und Raum wie auch einer seelischen, vielfach symbolisiert im Hinabsteigen in Schluchten oder tiefe Brunnen oder dem Hinaufsteigen auf einen Berg, wie in der Szene, in der Joseph den dreizehnjährigen Sohn Jesus wie Abraham seinen Sohn Issak auf einem Altar Gott zum Opfer bringen soll.

Doch Joseph hofft auf eine Rücknahme der Forderung durch Gott. „Und Schritt für Schritt ging hin Joseph, in der Hoffnung auf Einhalt. Er dachte aber bei sich: Warum gäbe ER mir den Sohn, den ER mir verheißen, und hat mich geheißen, ihn auszutragen? Nur um ihn mir jetzt zu nehmen und mich zu zerstören mit ihm? (…)Denn nicht wie Abraham um die Städte, nicht um einige Menschen in ihnen, sondern um einen nur, einen einzigen, bitte ich Dich. Der Gerechtigkeit halber, die Dein ist. Meinen Sohn doch bewahre! Verschone ihn doch, in dem aufbewahrt sind: Städte und Menschen und eingeboren die Welt."

Doch Gott erhört nicht die Bitten Josephs. Und Joseph verweigert Gott den Gehorsam, womit er sich vom Leben abschneidet und den Sohn verliert. Hier endet die gemeinsame Geschichte von Joseph und Jesus, wie auch in der Bibel nie mehr von Joseph berichtet wird. Roth lässt ihn als Unerkannten, Totgeglaubten weiterziehen, „weg von dem Ort, an dem Gott ihn zerschlagen und den Weigerer durchschnitten hatte das Leben."

Zwanzig Jahre zieht Joseph durchs Land, wird mit Taubheit und Blindheit geschlagen, die er als Strafe für seinen Ungehorsam versteht, um am Ende mit anderen Gehilfen ein Grab aus dem Felsen zu hauen für den reichen Ratsherrn Joseph aus Arimathäa.

„Jeder von uns war seinen eigenen Weg gegangen. War hergeführt, bis ans Ziel. Und keiner von uns wusste, dass es das Ziel war. Noch wusste es keiner. Und wir waren darin wie ihr heute", lässt Patrick Roth seine Erzählerin Neith am Ende des Romans zu den beiden Jüngern sagen und meint damit wohl auch das jetzige Heute.

Wie man sich vielfach als Leser mit hineingezogen fühlt in tiefenpsychologische Deutungen und Verweise einer nicht zu einem Ende kommenden Geschichte.

Denn der Roman endet offen. Noch ist Jesus nicht gekreuzigt und ins Grab gelegt. Aber man weiß, dass Joseph indirekt, jedenfalls, ohne es selbst zu wissen, am Heilsplan Gottes mitgewirkt hat.

Man muss ein herausragender Dichter sein wie Patrick Roth, um eine Szene wie diese in Sprache umzusetzen.

„Da, getroffen vom Blick, erkennt Joseph, jenseits der Grenzen alles Gesehenen, jenseits des Sehens, jenseits allmöglicher Sicht: SEIN Angesicht. Erkennt, dass es Gott ist, der sieht herauf, und Sein Sehen ist, das er sieht. Und sieht Gottes Angesicht und erkennt IHN: gebunden. Gefesselt an Strängen und Seilen und Fäden, die kreuzhin und querhin IHN binden. Als zerrissen IHN, die IHN tränkten und speisten und trauften durch den gläsernen Kasten. Da: Verzerrt war von Leid, von maßloser Qual, das Angesicht, das heraufsah zu Joseph. Und Joseph entsetzt sich vor IHM, der so leidet. Und es war Joseph unfassbar dieses Gesicht, das er gesehen. Zu spät reißt er die Hände vor Augen, sich vor dem Gesicht des Angesichtes zu schützen, vor dem Heraufblick Gottes menschenherauf. Da hört Joseph die Worte: ‚Heute habe ich dich gezeugt. Neuerschaffen hast du die Welt.'"

Die amerikanische Fahrt

Nach dem vielbeachteten, 2012 für den Deutschen Buchpreis nominierten Joseph-Roman „Sunrise" legte Patrick Roth mit „Die amerikanische Fahrt" ein Buch vor, das, wie es im Untertitel heißt, „Stories eines Filmbesessenen" erzählt, der ersten großen Leidenschaft des 1953 geborenen Autors.

Es handelt sich um teilweise bereits veröffentlichte Texte und die bisher unveröffentlichten Vorträge aus seiner (zweiten) Heidelberger Poetik-Dozentur im Jahre 2012. In diesen Geschichten, die einen gänzlich anderen literarischen Sound haben als seine Romane, erzählt der Autor direkter, beschreibt realistisch seine Erlebnisse mit Filmen, der Filmstadt Los Angeles, wo er von 1975 bis 2012 lebte.

Das Filmmilieu hatte er bereits in den Erzählbänden „Die Nacht der Zeitlosen" (2001), „Starlite Terrace" (2004) und in der autobiographischen Erzählung „Meine Reise zu Chaplin" (1997) thematisiert.

Auch Roths literarische Kamerafahrten führen, wie es bei diesem Autor des Existentiellen nicht anders sein kann, immer wieder zum Überpersönlichen, zum Sinn hinter dem Realen, zum Wunsch „teilzuhaben an *real time*: am Feuer des Dauerns von Zeit:", wie es an einer Stelle des Buches heißt oder anders ausgedrückt: „Ich wollte einen Film, der mir erlauben würde, darin zu leben, das heißt, mich an seinem Feuer zu lagern, mich niederzulassen mit anderen, am Feuer zu dauern."

Roth arbeitet auch beim Schreiben vielfach mit filmischen Mitteln, zum Beispiel mit Vor- und Rückblenden und dem „Dissolve". Dieses filmische Mittel der Überblendung kommt dem, was für Roth als Erkenntnis so bedeutend ist, nämlich dass sich zwei Realitäten überlagern, am weitesten entgegen.

In seinem letzten Film „In My Life – 12 Places I Remember" (2006) führt er in intensiven Erinnerungsbildern an die Orte seiner Wahlheimat Los Angeles, an denen er gewohnt und geschrieben hat. Auch darüber erzählt er in seinem neuen Buch. Mit dem Auto ist Roth unterwegs zu den Stationen seiner Vergangenheit. Es ist gleichsam ein Road-movie der „Suche nach der verlorenen Zeit", nur dass es bei Roth keine verlorene oder vergebliche Zeit gibt. Für ihn hat alles seine Bedeutung, auch wenn sie oft erst viel später oder vielleicht gar nicht erkannt wird. Beim Sammeln und Reflektieren seiner amerikanischen Vergangenheit, dem Sich-Aussetzen einer ungeheuren Bilderflut, kommt Roth zu der Erkenntnis, dass eine Rettung aus dem Chaos, aus großen und kleinen Katastrophen nur durch Sinnsuche möglich ist.

In der Schlussszene reitet ein Navajo-Indianer in einem Kirchenschiff altarwärts – die *mensa* des Altars wird in einer Überblendung ersetzt durch die *mesa* des Monument Valley, in dem Patrick Roth in der vorangegangenen Szene am Feuer gesessen hat (übrigens das Titelbild dieses Buches).

Dann löst sich auch der Reiter auf. Es bleibt ein Licht. Nach der dunkelsten Nacht, so reflektiert der Erzähler und Autor des Films, könnte etwas Neues stehen, ein neues Bewusstsein. Sunrise. Was durch das Chaos Richtung weist, ist Sinn.

P a t r i c k   R o t h

Die amerikanische Fahrt

Stories eines Filmbesessenen

Wallstein

Aber erst in der Rückschau (im Kapitel Innen-Amerika-Nacht, das seine Heidelberger Poetik Dozentur im Jahr 2012 beinhaltet) begreift Patrick Roth diesen Navajo – „dieser noch Ungespaltene tief in dir" - als Verkörperung eines Teils seiner eigenen Seele, der die Heilung eines kindlichen Traumas ermöglicht. Dieses hatte er als Siebenjähriger beim Ansehen eines Films über den Holocaust erlitten, beim Anblick der „Berge ausgehungerter vergaster Menschenleichen."

„Wenn man solche Bilder einmal gesehen hat, sich die Seele verbrannt hat an ihrer Flamme, lebt man weiter ohne die Seele. Ohne diesen tiefsten Teil jedenfalls, der verbrannt war".

Und so wird Patrick Roth sich mit einer Verspätung von fünfzig Jahren erstmals bewusst, dass ihm durch diese Figur des Navajo in seinem Film ein verschwundener, ein tot geglaubter Teil seiner Seele wiedergegeben wird.

Und dazwischen waren ein Suchen und ein Gang ins Dunkel, eine „Rückkehr in diesen Abgrund, in den ich als Kind gefallen war", die seine Filme und Bücher entstehen ließen. „Hier zeigte sich etwas… - aus dem Dunkel, das alles verzehrte, tötete, sinnlos zertrümmerte, verneinte, kam etwas, stieg etwas herauf, das dem Suchenden, mir: neuen Sinn gab, neue Richtung. Um die Arbeit an den Scherben, dem zerschellten Gefäß, das nichts mehr halten konnte, neu aufzunehmen."

Mit „Die amerikanische Fahrt" kann man, wenn man sich Patrick Roths Sicht auf innere und äußere Bildwelten öffnet, selber das Sehen neu erleben und erlernen.

„And suddenly there is a change." Ich glaube, das ist es – ob bewusst oder unbewusst – was Roth beim Leser in Gang setzen möchte. „Im Nachzeichnen, im Nachfeiern vielleicht,

wird uns der Sinn bewußt, der Sinn – ohne den alles ein endloses Tappen im Chaos, ein Kampf gegen das Verschlungenwerden vom Bilderfluß wäre, ein Scherbenhaufen nur bliebe, nie mehr zusammensetzbar, nie zusammengesetzt. Da plötzlich, da im Dunkelsten - die Niederlage selbst zur Brücke verwandelnd – kommt Sinn. Und raubt uns die Sinne. Bildet um, was wir sehen. Läßt uns sehen, was wir wollen. Ahnen, was wir werden sollen. Was aus uns werden soll."

Zwei wissenschaftliche Anthologien über Patrick Roth

Resurrection. Die Christus-Trilogie von Patrick Roth.

Der Literaturwissenschaftler Gerhard Kaiser legt in seiner Untersuchung über Patrick Roths Christus-Trilogie erstmals eine umfassende Deutung der für Roth spezifischen Herangehensweise an die Christus-Thematik vor. Dabei arbeitet er auch die Sonderstellung heraus, die der Schriftsteller Patrick Roth, 1953 in Deutschland geboren und seit 1975 in Los Angeles lebend, innerhalb der modernen Literatur innehat, indem Roth in seiner Romantrilogie „Resurrection" in den einzelnen Teilen auf unterschiedliche Weise in seiner Christusgestalt auf biblische, tiefenpsychologische, filmische und literarisch-fiktive Gestaltungs- und Sprachmodi zurückgreift.

Kaiser behandelt in den drei Kapiteln ausführlich jeweils einen Teil der Trilogie: den Roman „Johnny Shines", die Novelle „Riverside" und den Roman „Corpus Christi". Dabei wird deutlich, dass die Rothsche Christusfigur keine blutleere Transformation, kein Jesus incognito oder ein dem heutigen Säkularismus angepasster sozialer Utopist ist, sondern der in Wirklichkeit heilsgeschichtliche Gottessohn und Erlöser. So werden bei Roth auch immer Ganzheits- und Heilssehnsucht in seinen Figuren sichtbar – sei es bei dem Toten erweckenden Johnny Shines, dem aussätzigen Diastasimos in „Riverside" oder dem ungläubigen Thomas in „Corpus Christi".

In ungewöhnlichen, teilweise provokanten Konstellationen versteht sich, wie Kaiser herausarbeitet, Roth nicht als ein Autor religiöser Bekenntnisliteratur. Mit seinen Texten fordert er vielmehr den Leser zur eigenen Antwortsuche heraus.

Roth stellt die Theodizee-Frage neu. In seiner Dichtung arbeitet er autonom und ohne Rückendeckung, wenn er biblische Geschichten umerzählt, weitererzählt und gegenerzählt. Und die Art und Weise, wie er es tut, beunruhigt, denn er selbst liefert sich den Extremen des Denkens und der Imagination aus. Damit setzt er auch beim Leser eine ungeheure Dynamik frei.

„Lies dir deine Welt aus diesem in sich radikal bewegten Weltentwurf zusammen. Nimm das von dir Zusammengelesene in deine individuelle Verantwortung", so versteht Gerhard Kaiser den Appell an den Leser aus Roths Texten.

„Das „Einzigartige" seiner dichterischen Verarbeitung christlicher Gehalte" sieht Kaiser darin, dass „sie die religiöse Energie der rezipierten christlichen Vorstellungen und Motive (…) durch die literarische Neukonstellierung" intensiviert.

Mit seiner Studie liefert Gerhard Kaiser einen bedeutenden Beitrag zur Rezeption dieses ungewöhnlichen Autors.

Gerhard Kaiser: Resurrection. Die Christus-Trilogie von Patrick Roth. Der Mörder wird der Erlöser sein. Tübingen, Basel: Francke, 2008, 160 Seiten

Die Wiederentdeckung der Bibel bei Patrick Roth

Der von Georg Langenhorst und Michaela Kopp-Marx herausgegebene Band „Die Wiederentdeckung der Bibel bei Patrick Roth" ist der Extrakt eines wissenschaftlichen Symposiums im Literaturarchiv Marbach im Oktober 2012, auf dem Wissenschaftler aus Germanistik, Theologie, Psychologie und Philosophie den „Evokationen des Religiösen im Werk von Patrick Roth" nachspürten und diese einer eingehenden Analyse unterzogen.

Es war bereits das zweite Mal, dass sich Wissenschaftler zu diesem Anlass in Marbach trafen. Bei der ersten Tagung im Juni 2007 hatte Archivleiter Jan Bürger betont, dass es sich um eine Novität unter den wissenschaftlichen Tagungen im Hause handle, weil das zu untersuchende Werk noch nicht abgeschlossen sei. Dasselbe gilt natürlich auch für diese neue Tagung. Zugleich ist die Aufmerksamkeit, die die Wissenschaft, und das interdisziplinär, diesem Autor widmet, ein starkes Zeichen: für eine gewisse Singularität Patrick Roths unter den Erzählern der Gegenwart. Und für die Bedeutung seines Werks, in dem der Autor biblische Inhalte narrativ weiterentwickelt oder neu konfiguriert, um Erstaunliches hervorzubringen und beim Leser zu bewirken.

In einem Beitrag im Deutschlandfunk über dieses Symposium konnte man von Rita Anna Tüpper – selbst Referentin der Tagung – erfahren, dass durch das Erscheinen von Roths fulminanten *opus magnum* „Sunrise. Das Buch Joseph" im Frühjahr 2012 die gewohnt distanzierte Betrachtungsweise, die Wissenschaftler normalerweise ihrem zu analysierenden Stoff entgegenbringen, gründlich durcheinandergerüttelt wurde.

Der neue Roman, der allein vom Umfang her (mehr als 500 Seiten) die anderen Bücher von Patrick Roth bei weitem übertraf und in der Literaturkritik durchaus kontrovers diskutiert worden war, erhielt unter den Vorträgen eine herausragende Stellung.

Tüpper in der Nachschau: „Das Symposium in Marbach wurde zu einer Agorá von Deutungen und Affekten des soeben Gelesenen, von materialistischen, tiefenpsychologischen Interpretationen, von Empörung über Gottesbilder und Menschenopfer, von emotionaler und intellektueller Reibung und Faszination."

Wie es im Vorwort des Bandes heißt, dass Patrick Roths „biblische" Prosa „ein starkes Plädoyer für den hohen Wert religiöser Erfahrung im postreligiösen Zeitalter" sei, resümierte Tüpper in ihrem Radiobericht noch dezidierter die sehr unterschiedlichen Ansätze und Gefühle, die insbesondere die Josephs-Lektüre bei den Tagungsreferenten ausgelöst hatte, und die dort „weit über eine theoretisch-wissenschaftliche Debatte hinausging und emotionale Tiefen des Glaubens, der Angst, der Aversion und der Empathie ansprach."

Eine solch tiefgehende Auseinandersetzung nachlesen zu können, leistet der vorliegende Band mit seinen Essays. Aber er vermag noch viel mehr, nämlich hinzulenken auf die Tatsache, dass der Mensch ganz allgemein auf ein Transzendentes, auf Gott bezogen ist, auch und gerade trotz Auschwitz, nach dem alle Unschuld verloren ist und der unleugbaren Tatsache, dass der Mensch zu grauenhafter Vernichtungsgewalt fähig ist, der moderne Mensch nach dem Sinn von Gott, Erlösung, Leben nach dem Tod nur noch unter Vorbehalt zu fragen wagt oder ganz aufgehört hat, sich diesen elementaren Sinnfragen zu stellen.

Wenn, wie Jochen Hörisch in seinem Beitrag als These in den Raum stellt, „Hochliteratur obligatorisch vom Höchsten, vom Transzendenten und dessen Verhältnis zum Weltimmanenten handeln muss", so bietet Michaela Kopp-Marx zum Verständnis des Themas allgemein und insbesondere der Dichtung von Patrick Roth einen interessanten Ansatz: „Mein Vorschlag lautet, es (das Buch „Sunrise. Das Buch Joseph", I.S.) als Antwort auf das religiöse Problem der Moderne zu lesen, die gelernt hat, ohne Bezug zum Göttlichen, ohne Mythos, ohne anleitendes Narrativ zu leben und an einer umfassenden Sinnleere laboriert."

Die Diagnose, die hier gestellt wird, macht die Auseinandersetzung mit dem Buch „Die Wiederentdeckung der Bibel bei Patrick Roth" so spannend. Man kann es einmal als Hinführung zu Patrick Roths Werk betrachten, darüber hinaus als Hilfestellung im Verständnis der nicht immer leicht verdaulichen Inhalte, auch wenn sie biblisch fundiert sein mögen. Patrick Roth ist Schriftsteller und kein Theologe und schon gar nicht christlicher Exeget. Und so ist denn die Frage von Hans-Jürgen Benedict durchaus berechtigt: „Darf man die Heilsgeschichte anders arrangieren und neu träumen und erzählen?"

Auch Karl-Josef Kuschel hat diese Frage gestellt in seinem Beitrag. Während Benedict mit einem „ Man darf natürlich, der Dichter darf es vor allem als ‚kleiner Nachschöpfer Gottes', wie Heinrich Heine ihn nannte" seine Frage beantwortet, ist Kuschel in seinem Fazit ein wenig skeptischer, besonders was seine Lektüre des Joseph-Romans angeht: „Ich gestehe, dass ich mich als Leser schwer tue mit diesem Roman" und einräumt: „Ich bin noch nicht fertig mit diesem Roman." Gerade der emeritierte Professor für Theologie hatte sich bereits in seiner Dissertation „Jesus in der deutschsprachigen Gegenwartsliteratur" (1978) mit dem grenzüberschreitenden Thema „Theologie und Literatur" intensiv beschäftigt, ebenso wie der Mitherausgeber Georg Langenhorst. Dass es sich bei Patrick Roth um einen Ausnahmeschriftsteller handelt, darüber herrscht bei allen Autoren des Bandes Einigkeit.

„Schreiben ist Totensuche (...) Schreiben ist Totenerweckung. (P.Roth) Muss man noch lange begründen, warum dieser Autor zu den eigenständigsten und kreativsten Schriftstellern seiner Generation gehört, wenn es um die literarische Ver-

arbeitung gerade auch christlicher Motive, Symbole, Stoffe und Figuren geht?" (Kuschel)

Im Aufsatz „Seelenarbeit" konstatieren die beiden evangelischen Theologen Inge Kirsner und Eberhard Schwarz: „Keine Frage: Es geht um Gott. Es geht um den Menschen. Es geht um Erlösung. Vor allem: Es geht um Selbsterkenntnis…ein Erkenntnisweg, den zu gehen die Leserin und der Leser eingeladen sind…Patrick Roth zu lesen bedeutet, selbst gelesen zu werden." Die beiden Theologen verweisen auf Klaas Huizing und seine „Ästhetische Theologie", in der er die „Wiedergeburt des Menschen aus dem Lesen" vertritt. (Der erlesene Mensch. Eine literarische Anthropologie. 2000) Ebenso oder noch mehr scheint den beiden Autoren der Mystiker Angelus Silesius zum Verständnis Patrick Roths Hilfestellung zu sein: „Und falls du mehr willst lesen, so geh und werde selbst die Schrift und selbst das Wesen!"

Einen verwandten Ansatz zeigt der Psychoanalytiker Jörg Rasche auf, der in seinem Beitrag „Gott in Not" herausarbeitet, dass es bei Patrick Roth vornehmlich um den „leidenden Gott" gehe. Er zitiert die überwältigende Szene, in der Joseph eine Vision vom maßlos leidenden Gott hat. Da an dieser Stelle auch das Besondere an Roths Sprache zum Ausdruck kommt, möchte ich sie in Auszügen zitieren:

„Denn es war eine Schwitzkammer, in die Joseph hinabsah, Kammer riesiger Ausmaße. / Und in der Kammer saß einer [...]. Und der war der Grausamste der Grausamen, das Ungeheuer, das Joseph sah, als er sah über die Grenzen hinaus alles gesehenen [...] und erkannte[...] SEIN Angesicht. / Erkennt, dass es Gott ist, der sieht herauf, und Sein Sehen ist, das er sieht. / Und sieht Gottes Angesicht und erkennt IHN: gebun-

den. / Gefesselt an Strängen und Seilen und Fäden, die kreuz-hin und querhin IHN binden. / Als zerrissen IHN, die IHN tränkten und speisten und trauften das Blut durch den gläser-nen Kasten. / Da: Verzerrt war von Leid, von maßloser Qual, das Angesicht, das heraufsah zu Joseph. / Und Joseph entsetzt sich vor IHM, der so leidet. "

Womit sich dem Leser von Patrick Roth unweigerlich die Bilder des Völkermordes und der namenlosen Leiden während der Naziherrschaft, diesem „Zivilisationsbruch durch Auschwitz" (Uwe Schütte) vor Augen treten. Patrick Roth hat mehrfach von seiner persönlichen Erfahrung mit dem Holocaust gesprochen. Als Kind wurde er völlig unvorbereitet mit den Leichenbergen des Holocaust konfrontiert, die er in Zeitschriften sah. Dieses Entsetzen hat ihn nicht mehr losgelassen. Und er hat es in vielen seiner Novellen, Hörspiele und Romane verarbeitet, meistens sehr unterschwellig, nie plakativ. Aber immer ist da die entscheidende Gottesfrage: Wie konnte Gott das zulassen? Schüttes Resümee zu Patrick Roth: „Nach Auschwitz gibt es keine Unschuld mehr".

In seinen zweiten Heidelberger Poetikvorlesungen von 2012 formulierte Roth:
Wenn man solche Bilder einmal gesehen hat, sich die Seele verbrannt hat an ihrer Flamme, lebt man weiter ohne die Seele. Ohne diesen tiefsten Teil jedenfalls, der verbrannt war, der sich abgelöst hatte, verschwunden war – niemand wußte zu fragen, wohin –jedenfalls nie mehr gesehen. Etwas im Bewusstsein des Individuums ist zerbrochen – was es aber womöglich für den Einbruch eines Anderen öffnet."

Auch Daniel Weidner widmet sich in seinem Referat „Die Gewalt der Schrift" den gewaltbeladenen Passagen im Josephs-roman, in denen er „ein machtvolles Bild des leidenden Gottes" erkennt. Wichtiger noch ist das, worauf der Roman zielt, nämlich die Frage, ob und wie es möglich ist, biblisch zu schreiben" und „was an der biblischen Überlieferung für uns lesbar ist und was das…über die Gegenwart aussagt." Denn, so Weidner, „die Abgrunde der Gewalt, in die uns der Roth'sche Text führt, sind auch die Abgründe unserer eigenen Kultur. Heißt es noch etwas, dass jemand *für* uns gestorben sei, und wenn ja: Wie lässt sich dieses etwas gestalten? Was heißt es, *für* jemand anderes einzustehen, und sei es nur als Vater für den Sohn?"

Dazu sei noch einmal Uwe Schütte herangezogen: „Was seine Texte leisten, ist die vielleicht vornehmste Aufgabe der Kunst: In der Öffnung der profanen Welt zum Transzendenten hin Trost zu spenden, Mut zuzusprechen und Kraft zu geben. Damit wir die erbärmliche Wahrheit aushalten können, dass all unsere elaboraten Denksysteme, Religionen und Geisteswissenschaften angesichts der entropischen Tendenz aller natürlichen Systeme nur notwehrhafte Konstruktionen und hilflose Versuche sind, die Kontingenz zu verleugnen, indem wir Mythologeme von Sinn, Ordnung und Dauer errichten, weil es mehr als ein Leben vor dem Tode nicht gibt. Man könnte sich in diesem Sinne auf das vieldeutige Kennwort Roths berufen: *No fiction.*"

Ob der Titel „Die Wiederentdeckung der Bibel bei Patrick Roth" ganz glücklich gewählt ist, erscheint mir nach der Lektüre der achtzehn höchst komplexen Beiträge etwas zweifelhaft. So ist man als Leser denn auch erstaunt zu erfahren, dass Patrick Roth nicht so einzigartig ist mit seinen biblischen Stoffen, wie man zunächst vermutet.

So klärt Georg Langenhorst auf: „Seit 1980 werden jedes Jahr gleich mehrere Romane auf den Buchmarkt gebracht, die in die Zeit und an die Seite Jesu rücken, sein Schicksal spiegeln, seine Bedeutung ausloten, eigene Wege im existentiellen, theologischen und ästhetischen Zugang suchen. (…) Wenn sich Patrick Roth in der Resurrection-Trilogie und in Sunrise literarisch an Jesus heranschreibt, dann ist er damit alles andere als allein oder gar einzigartig, ist vielmehr Teil einer breiten internationalen Strömung, auch wenn ihm selbst und vielen Lesenden seiner Werke das kaum bewusst sein mag."

Dies findet man auch bei Rita Anna Tüpper bestätigt. Dennoch: Etwas ist anders bei Patrick Roth und hat wohl auch darum eine andere Wirkung als bei anderen Autoren. Es ist seine Sprache, die sich von allen unterscheidet, diese archaisierende Kunstsprache, die sich am Duktus biblischen Erzählens orientiert, einer heute antiquiert und sperrig wirkenden Sprache (wie aus Bibelübersetzungen von Luther). „Über die von Roth geprägte Form und Sprache wird ein Zugang zu dem möglich, was sich dem direkten Zugriff entzieht", so Langenhorst, und weiter: „Gleichzeitig schafft er jedoch einen völlig neuartigen Zugang, in dem sich herausfordernde Literatur auf der Höhe unserer Zeit mit einer verstörenden Bibelrelecture und – fortscheibung mischt", so dass am Ende der Leser gefordert ist. Bei ihm muss der Inhalt „ankommen".

So kommentiert auch Eckart Reinmuth wünschenswerte Wirkungen von Roths Josephs-Roman: „*Sunrise* gibt wichtige Anstöße, sich mit allzu bequemen Lektüren des Neuen Testaments nicht abzufinden. Seine Gottesreden sind widersprüchlich, anstößig. Der Roman fordert dazu heraus, das Anstößige dieser antiken Texte wiederzuentdecken. Wir werden in den Prozess einer Verunsicherung geführt, bei dem die Sedimente altgedienter Gewissheiten, polierter Interpretationsroutinen und steinhart gewordener Interpretamente aufgelöst werden – bis hin zur Frage eines Umsonst des Todes Jesu. Wir werden bis an den Grund der offenen Frage nach uns selbst geführt, deren Definition stets neu einen radikalen, uns selbst treffenden Akt der Interpretation darstellt."

Wenn man sich diesen Herausforderungen stellt, dann kann eintreten, was Michaela Kopp-Marx herausarbeitet: „Nach der Zerschlagung erfolgt die Zusammensetzung." Das Wiederherstellen und die Heilung erfolgen durch das Erzählen, während sich das Zusammenfügen des Zerbrochenen, Zerschlagenen im Prozess des Lesens ereignen kann. „Im Sinne des Johannes-Evangeliums, dem biblischen Text, der die Idee vom Menschen als dem Ort Gottes durchgängig ventiliert, ist Roths Joseph ein menschliches Paradigma für die Vorstellung einer lebendigen Bezogenheit auf das Göttliche, das *im* Menschen wohnt. Dies wäre die Antwort, die *Sunrise* in Bezug auf die Wurzellosigkeit und Transzendenzferne der Moderne bereithalt: *Der geheimnisvolle Weg* (Novalis) geht nach innen, um sich in einer zweiten Bewegung wieder nach außen ins konkrete Leben zu kehren, das innen Erkannte im Alltag zu realisieren."
Eckhard Nordhofen stellt grundsätzliche Überlegungen zum Wort und zur Schrift an: „Gott als Gegenüber der Welt wird zur radikalen Einzigkeit, zu einer ontologischen Singularitat. Erst die Berufung auf ihn verschafft denen, die sich nach ihm ausstrecken, ein Widerlager. Für sie ist die Welt nach oben offen." Und er bescheinigt Patrick Roths Kunst abschließend: „Roth hat den Höhepunkt der monotheistischen Mediengeschichte, die Vollendung des Wortes durch seine Fleischwerdung, neu und doch authentisch erzählt. Dass seine Sprache

inkonzinn und alteritär ist, versteht sich da von selbst. Sie muss es sein, denn anders konnte vom Heiligen nicht erzählt werden."

Rekurriert Nordhofen bereits auf Ludwig Wittgenstein, so zieht Rita Tüpper den Philosophen ebenfalls als Gewährsmann des *linguistic turn* des 20. Jahrhunderts heran, auf die ihrer Meinung nach Patrick Roth antwortet mit seinen Sprachreflexionen, zum Beispiel mit der Sprache als „Erkenntnisleiter" für das, worüber man nicht sprechen könne, also schweigen müsse. Diese „unaussprechlichen Worte" aber schließen einen neuen Raum auf, „der sich zum Jenseits als einem Undefinierbaren und höchst Individuellen, ja als einem umfassenden, aber ontologisch nicht greifbaren Sein außerhalb des Ich hin öffnet."

Patrick Roth, der bekanntlich auch in seinen Texten mit filmischen Mitteln arbeitet, benutzt den *Dissolve* zur Veranschaulichung, dass zwei Realitätsebenen miteinander verwoben sind und *Suspence* als Mittel oder Zeichen der Spannung zwischen Selbstfindung und Auflösung. „Die heilende und in diesem Sinne auf Wahrheit bezogene Kraft der Dichtung besteht darin, dass sie dazu ermutigt, die Perspektive unendlicher Lebendigkeit nicht aufzugeben(...) Literatur und Religion sind auf jene Dimensionen des Menschen bezogen, die sich bewusstseinsgesteuerten Prozessen entziehen. Mit seiner ästhetischen Radikalposition einer Durchdringung beider Sphären folgt Patrick Roth einem erweiterten dialektisch und tiefenpsychologisch geläuterten Humanismus. Er stellt den abstrakt gewordenen Begriff der Menschenwürde wieder in das Licht seiner bildmächtigen und skandalträchtigen Genese."

Eine gute Idee der Herausgeber war es, ans Ende der Beiträge ein Interview mit Patrick Roth zu setzen, in dem also der, über den so viel Kluges und Interessantes zur Sprache gekommen ist, selbst Auskunft gibt über sein Schreiben, biografische Einflüsse, Intentionen, von der verwandelnden Funktion von Wissen, von der heilenden Kraft von Kunst, Literatur und Religion. Das Interview mit Rita Tüpper trägt den bezeichnenden Titel „Das Ästhetische muss zunächst einmal dienen."

Im Rahmen einer Rezension ist es leider unmöglich, auf die vielfältigen Aspekte innerhalb einzelner Referate und auch nicht auf jede einzelne Arbeit einzugehen. Fest steht, dass es sich um ein äußerst lesenswertes Buch handelt, bei dessen Lektüre man viele Anregungen erhält zum Weiterdenken.

Das Buch schließt mit einer auszugsweisen Bibliographie zum Werk Patrick Roths sowie einer Kurzvorstellung der Autoren und Autorinnen der Beiträge.

Michaela Kopp-Marx und Georg Langenhorst (Hg.): Die Wiederentdeckung der Bibel bei Patrick Roth. Von der „Christus-Trilogie" bis „SUNRISE. Das Buch Joseph". Wallstein Verlag, Göttingen, 2014;384 Seiten

Veröffentlichungen von Ilka Scheidgen über Christian Lehnert

„Im Klanggewölbe der Dichtung. Christian Lehnerts geistliche Lyrik in seinem Band ‚Aufkommender Atem'." In: Die Tagespost vom 25. Februar 2012

Christian Lehnert „Aufkommender Atem".
http://www.theologie-und-literatur.de/ eingestellt am 27. Februar 2012

„Das leere Gefäß". Porträt über den Dichter und Theologen Christian Lehnert. In: Publik-Forum Nr. 23, 2012

„Sehnsucht nach einer anderen Wirklichkeit. Der Lyriker und Theologe Christian Lehnert hat einen Essay-Band über Paulus von Korinth geschrieben." In: Die Tagespost vom 2. März 2013

„Korinthische Brocken. Ein Essay über Paulus"
Von Christian Lehnert. Bei: http://www.theologie-und-literatur.de/ eingestellt am 02.03.2013

Christian Lehnerts neuer Gedichtband „Windzüge". Bei:
http://www.theologie-und-literatur.de/ eingestellt am 15. Februar 2015

„Der Moment, wo Sprache verloschen ist. Zwischen Vergeblichkeit und der Zusage des Heils: Christian Lehnerts neuer Gedichtband ‚Windzüge'. In: Die Tagespost vom 21. März 2015

„Christian Lehnert". In: Ilka Scheidgen: „Vorweggenommen in ein Haus aus Licht. Autorenporträts", Twentysix Verlag, Norderstedt, 2016

„Christian Lehnert: Der Gott in einer Nuß." Bei: http://www.theologie-und-literatur.de/ eingestellt am 06.03.2017

„Die dichterische Erfahrung des Glaubens. Christian Lehnert nähert sich in 'Der Gott in einer Nuß' Fragen des Rituals und der Liturgie an." In: Die Tagespost vom 25. März 2017

Veröffentlichungen von Ilka Scheidgen über Patrick Roth

„Poetische Spurensuche – Biblische Themen bei Patrick Roth". In: Die Tagespost vom 20. Mai 2006

„Von der Liebe ins Leben geholt", über Patrick Roths Erzählung „Lichternacht". In: Die Tagespost vom 7. Oktober 2006

„Literatur als lebendige Schrift: Ein Gespräch mit dem Schriftsteller Patrick Roth". In: Die Tagespost vom 28.Dezember 2006

„Transzendentes in der Literatur", über eine Tagung im Deutschen Literaturarchiv Marbach über Patrick Roth. In: Die Tagespost vom 5. Juli 2007

„Die Sekunde des Erkennens", Porträt über Patrick Roth. In: Publik-Forum, Heft Nr. 9, 2007

„Die Literaturwissenschaft kehrt sich der Transzendenz zu" – Tagung über Patrick Roth in Marbach. In: Der Literat Nr. 9, 2007

„Antworten suchen", Rezension von Gerhard Kaiser: Resurrection. Die Christus-Trilogie von Patrick Roth. In „Die Tagespost" vom 22.11.2008

„Sprich, Vater, dein Sohn hört". Patrick Roths Roman „Sunrise. Das Buch Joseph". In: „Die Tagespost" vom 5. Mai 2012

Patrick Roths neuer Roman „Sunrise. Das Buch Joseph". Bei: http://www.theologie-und-literatur.de/

„Nur Sinnsuche rettet aus dem Chaos". Rezension von "Die amerikanische Fahrt". In: „Die Tagespost" vom 3. August 2013

„ Die amerikanische Fahrt von Patrick Roth" Bei: http://www.theologie-und-literatur.de/

„Literarische Antwort auf die Sinnleere".
Hochliteratur muss auch vom Transzendenten handeln: Die Wiederentdeckung der Bibel in den Schriften Patrick Roths. In: „Die Tagespost" vom 7. Juni 2014

„ANTWORT AUF DAS RELIGIÖSE PROBLEM DER MO-DERNE" Die Wiederentdeckung der Bibel bei Patrick Roth. Bei: http://www.theologie-und-literatur.de/

„Die Wiederentdeckung der Bibel bei Patrick Roth. Von der ‚Christus-Trilogie' bis ‚SUNRISE. Das Buch Joseph', Hg, von Michaela Kopp-Marx und Geoerg Langenhorst". In: „Stimmen der Zeit", Heft Nr. 10, Oktober 2014, Band 232

„Patrick Roth". In: Ilka Scheidgen: „Vorweggenommen in ein Haus aus Licht. Autorenporträts", Twentysix Verlag, Norderstedt, 2016
140

© *Ilka Scheidgen*

Ilka Scheidgen schreibt Lyrik, Romane, Erzählungen, Essays, Rezensionen und Autorenporträts. Sie hat sich als Schriftstellerin und Publizistin in vielfacher Weise einen Namen gemacht.

Über Hilde Domin (1909-2016) und Gabriele Wohmann (1932-2012) hat Ilka Scheidgen die einzigen autorisierten Biografien veröffentlicht.

Zuletzt erschienen von ihr vier Bände mit Doppel-Porträts und ein Porträtband über Martin Walser.

2002 wurde sie für ihr literarisches Werk mit dem Kulturpreis des Kreises Euskirchen ausgezeichnet.

Homepage der Autorin: www.ilka-scheidgen.de

Manchen Büchern gelingt es, den Leser mit zauberhafter Leichtigkeit in die geheimnisvolle Welt der Schriftsteller zu entführen. Autorenporträts „entstanden auf der Basis persönlicher Gespräche", wie Scheidgen im Vorwort erklärt, finden sich in dem Buch. Gespräche, die bei den Autoren und Autorinnen zu Hause stattfanden und von den „lebenswichtigen Dingen handeln: von Liebe und Tod, Gott und Welt, Schmerz und Glück". Ilka Scheidgen hat es mit ihren „Fünfuhrgesprächen" geschafft, das Ewig-Unsagbare der Schriftsteller-Existenz wieder ein bisschen sagbarer und wahrer auszudrücken. **Stefan Meetschen in Die Tagespost**

Die zeitgenössische Literatur . ist ein Land der Überraschungen. Ilka Scheidgen geht auf Entdeckungsreise in diesem Land. Ihre Autorenporträts stützen sich auf Gespräche mit den Schriftstellern und auf eingehende Werkstudien. Sensibel beschreibt sie den metaphysischen Hunger der zeitgenössischen Literatur, ihre hartnäckige Antwortsuche, die oft zu paradoxen Glaubenseinsichten führt. **Passauer Neue Presse**

Außer unterwegs zu sein mit eigenen Texten in Lyrik, Prosa und Essay war Ilka Scheidgen seit mehr als zwanzig Jahren auch immer wieder abwesend vom Schreibtisch - hin zu Autorinnen und Autoren der Gegenwart. Diese Besuche haben eine entsprechend reiche Ernte eingetragen als Niederschlag in Form von Portraits. **Der Literat**

Ilka Scheidgen hat ein Talent, über das nur wenige Schriftsteller verfügen: sie ist nicht nur Lyrikerin und Romanautoren, sondern auch eine gute Gesprächspartnerin, die sich anders als viele andere Autoren auch für das Leben ihrer schreibenden Kollegen interessiert. Durch ihre behutsame Art gelingt es Scheidgen dabei, dass die Autoren selbst bei heiklen Fragen, wie etwa der nach dem Glauben, nicht gleich verstummen, sondern sich einlassen, ihren Befürchtungen und Hoffnungen Ausdruck verleihen. Die Autorin versteht es die Gespräche geschickt mit Zitaten, mit Hintergrundwissen und kleineren Exkursen zu einem komprimierten, aber sehr essenziellen Porträt zu verdichten. So entstanden gelungene Autorenporträts, die nicht nur informativ, sondern durch ihr hohes Maß an sprachlicher Reflexion auch sehr lesenswert sind. **Michael Thalken in Kölner Stadtanzeiger**

Ich bewundere Ihre Art, wie Sie einen Autor in der Beschreibung erfassen und lebendig machen, vor allem in ihren eigenen Texten lassen Sie sie zu Wort kommen. Und wie gut, dass Sie Ihre persönlichen Begegnungen und Gespräche einbringen können. **Hans Bender** (1919-2015), Mitbegründer und langjähriger Herausgeber der Literaturzeitschrift **Akzente**.

143

In der Reihe der Doppelporträts sind bisher erschienen:

Zu Besuch bei Günter Grass und Herta Müller. Zwei Nobelpreisträger für Literatur. Twentysix, Norderstedt 2016

Zu Besuch bei Peter Rühmkorf und Dorothee Sölle. Twentysix, Norderstedt 2016

Zu Besuch bei Zsuzsa Bánk und Peter Härtling. Twentysix, Norderstedt 2017

Zu Besuch bei Hans Bender und Arnold Stadler. Twentysix, Norderstedt 2017